그리스·로마 신화 6
다이달로스 이카로스 탄탈로스 에우로페

메네라오스 스테파니데스 글 · 야니스 스테파니데스 그림

25년 동안의 신화 연구 끝에 완성한 이 작품은 1989년 세계에서 가장 오래되고 권위 있는 어린이 문학상 피에르 파올로 베르제리오상을 수상했습니다.

정재승 추천

KAIST에서 물리학을 전공하고 예일대학교 의대 정신과 연구원, 컬럼비아대학교 의대 정신과 조교수를 거쳐 현재 KAIST 바이오및뇌공학과 교수와 융합인재학부 장으로 연구하고 있습니다. 의사결정 신경과학을 통해 정신질환을 탐구하고 사람을 닮은 인공지능을 개발합니다. 《과학 콘서트》《물리학자는 영화에서 과학을 본다》《인류탐험보고서》《인간탐구보고서》 등을 기획하거나 썼습니다. 책 읽기를 즐기며, 과학적 상상력과 신화적 상상력을 연결하고 싶어 합니다.

그리스·로마 신화 6
다이달로스 이카로스 탄탈로스 에우로페

메네라오스 스테파니데스 글 | 야니스 스테파니데스 그림 | 정재승 추천

1판 1쇄 발행 2022년 6월 14일 | 1판 6쇄 발행 2024년 12월 31일
펴낸이 정중모 | 펴낸곳 파랑새 | 등록 1988년 1월 21일(제406-2000-000202호)
주간 서경진 | 편집 정혜연 | 디자인 권순영
마케팅 홍보 김선규, 고다희 | 디지털콘텐츠 구지영
제작 윤준수 | 회계 홍수진
주소 경기도 파주시 회동길 152 | 전화 031-955-0700 | 팩스 031-955-0661
홈페이지 www.yolimwon.com | 전자우편 bbchild@yolimwon.com
ISBN 978-89-6155-978-2 74800, 978-89-6155-964-5(세트)

Greek Mythology

Text copyright © Menelaos Stephanides Illustrations copyright © Yannis Stephanides
All rights reserved. Korean translation copyright © 2022 by BluebBird Publishing Co.
Korean translation copyright arranged with Sigma Publications F.& D. Stephanides O.E.
through Shinwon Agency Co., Seoul.

이 책의 한국어판 저작권은 Shinwon Agency를 통한 독점 계약으로 파랑새에 있습니다.
저작권법에 의해 한국 내에서 보호를 받는 저작물이므로 무단 전재와 무단 복제를 금합니다.

어린이제품안전특별법에 의한 제품 표시
제조자명 파랑새 | 제조년월 2024년 12월 | 제조국 대한민국 | 사용연령 12세 이상

그리스·로마 신화 6

다이달로스 이카로스 탄탈로스 에우로페

메네라오스 스테파니데스 글
야니스 스테파니데스 그림

파랑새

새로운 세상에 용감하게 진입해
인식의 세계를 넓혀 가는 과정!
그리스·로마 신화는
위대한 탐험이다.

| 추천사 |

뇌과학으로 신화 읽기: 탐험

그리스·로마 신화를 한 단어로 압축해서 표현하면 무엇일까? 다시 말해, 인생을 통찰하는 그리스·로마 신화가 우리에게 들려주는 가장 강력한 메시지는 무엇일까? 그것은 바로 '탐험'이다. 우리 삶은 그 자체로 위대한 탐험이라는 것이다. 욕망과 사랑, 질투와 복수, 호기심과 꿈 등 탐험을 떠나는 목적은 제각각 다르지만, 그리스·로마 신화에 등장하는 신들은 저마다의 목표를 이루기 위해 대륙을 가로지르고 바다를 건너 새로운 세상을 탐험한다. 그리스·로마 신화가 수천 년 동안 우리에게 읽히는 것은 신화 그 자체가 '인간을 향해 떠나는 위대한 탐험'이기 때문

이다.

 따라서 이번 책에서는 '탐험'이라는 개념을 열쇳말로 주목하길 바란다. 신들은 탐험의 여정에서 사랑과 복수, 결투와 전쟁, 질병과 죽음, 지진과 홍수 같은 난처한 상황들과 맞닥뜨린다. 우리의 인생이 그러한 것처럼 말이다. 신화는 예상치 못한 상황들을 결국 멋지게 헤쳐 나가는 신들의 모습을 보여줌으로써, 우리

에게 '탐험할 용기'를 일깨워 준다. 탐험의 용기를 가진 자만이 새로운 세상에서 누군가를 만나고 귀한 가르침을 얻으며 나 자신을 발견하게 된다. 그리스·로마 신화 6권에서는 오디세우스와 탈로스, 이카로스, 에우로페, 안티오페 등 매력적인 신들의 흥미로운 이야기가 쏟아진다. 이는 하나같이 위대한 탐험을 떠나서 나 자신과 세상을 발견하는 이야기들이다. 신들은 탐험을 통해 낯선 공간을 탐색하고 새로운 경험을 쌓으면서 서서히 영웅으로 성장한다.

새로운 세상에 용감하게 진입해 인식의 세계를 넓혀 가는 과정! 여러분의 삶도 탐험이길 바란다. 새롭기에 설레고 낯설지만 흥미로운, 그러한 탐험이 된다면 좋겠다. 실수해도 괜찮고 잘못해도 아무 문제 없다. 그러면서 여러분은 모두 성장하고 성숙하게 될 테니까.

우리 삶은 때론 결승선을 향해 질주하는 100미터 달리기 같기도 하고, 오랫동안 고통스럽게 경쟁해야 하는 마라톤 같기도 하다. 쳇바퀴를 돌 듯 무의미한 일상의 반복처럼 여겨지기도 하고, 목적 없이 어슬렁거리는 산책을 닮아 보일 때도 있을 것이다. 하지만 결국 그 모든 것을 포함한 여러분의 인생은 위대한 탐험이

었으면 좋겠다. 호기심과 꿈을 안고 출발해 지혜와 통찰을 얻고 돌아오는 위대한 탐험이길 응원한다.

정재승 (뇌과학자, 『과학콘서트』『열두발자국』 저자)

|차례|

추천의 글 6

바람의 신들 15

다이달로스와 이카로스 39

탄탈로스 77

에우로페 107

제토스와 암피온 145

니오베 167

바람의 신들

북풍의 신 보레아스

오랜 옛날에 사람들은 살을 에는 북풍이 거세게 불어올 때마다 이렇게 말하곤 했다.

"또 어떤 인간이 보레아스 신을 화나게 만들었군."

보레아스는 힘찬 날개를 가진 바람의 신으로, 트라키아 산속에 있는 높이 솟은 눈의 궁전에서 살았다.

북풍의 신 보레아스는 아름답고 장엄한 궁전에서 대부분의 시간을 보냈다.

보레아스는 한번 화가 치밀면 눈의 궁전을 빠져나와 힘

찬 날개를 마구 펄럭여 인간의 집들을 덮쳤다. 그리고 가는 곳마다 서리와 폭풍과 눈보라를 퍼부어 댔다.

그러나 보레아스가 언제나 거칠고 잔인한 것만은 아니었다. 그도 조용할 때가 있었으며 참을성도 있었다.

보레아스의 참을성이 얼마나 큰지 엿볼 수 있는 일이 있었다.

아테네의 왕 에렉테우스가 사랑하는 딸 오레이티아를 보레아스에게 아내로 주겠다고 약속했던 때였다.

솔직히 말해 에렉테우스는 이 약속을 마음에서 우러나서 한 것이 아니었다.

그는 네 딸 중에 가장 어린 오레이티아를 결혼시키겠다는 마음이 눈곱만큼도 없었다. 나머지 세 딸에게는 벌써 남편들을 구해 주었지만 막내딸만은 곁에 두고 싶었다.

에렉테우스는 어떤 남자도 아름다운 오레이티아 곁에 가지 못하게 했다. 심지어는 딸을 궁궐 밖으로 한 발짝도 못 나가게 했다.

오레이티아는 방에 갇힌 채 창문으로 보이는 하늘 말고는 아무것도 볼 수 없었다.

그랬기에 그녀가 결혼하여 아버지 곁을 떠나는 일은 결코 일어나지 않을 것 같았다. 그래도 오레이티아는 그토록 가혹한 아버지를 마음 깊이 사랑했다.

보레아스와 오레이티아

그러던 어느 여름날, 오레이티아는 신선한 공기가 들어오게 창문을 열어 놓았다.

그때 부드러운 바람이 불어와 그녀의 얼굴을 어루만지고, 금빛 머리카락을 휘날리게 했다.

오레이티아가 신선한 바람을 들이마시자 그녀의 어두운 얼굴에도 미소가 떠올라 더욱 아름답게 빛났다. 그 바람이 바로 보레아스였다.

보레아스는 열린 창으로 재빨리 들어가 사랑스러운 공주를 바라보았다.

날개 달린 그 신은 그 자리에서 오레이티아에게 마음을 빼앗기고 말았다.

그래서 그 길로 곧장 그녀의 아버지에게로 날아가서, 공주와 결혼하여 눈의 궁전으로 갈 수 있게 해 달라고 부

탁했다.

 인간으로서는 딸을 달라는 신의 부탁을 거절하기가 매우 힘든 일이었다. 설사 그 인간이 왕이라 할지라도 그랬다.

 더군다나 보레아스의 부탁을 거절한다는 것은 몇천 배나 더 어려운 일이었다.

 세상에서 가장 거친 바람을 부리는 보레아스 신의 분노에 저항할 사람은 아무도 없었기 때문이다. 만약 그 부탁을 거절한다면 왕의 궁전에는 재앙이 덮칠 터였다.

에렉테우스는 감히 날개 달린 보레아스 신의 뜻을 거스를 수가 없었다.

동시에 그는 자기 딸도 결코 내주고 싶지 않았다.

마침내 에렉테우스는 거짓으로 매우 기쁜 척하며 다음과 같이 말했다.

"기꺼이 제 딸을 드리지요, 보레아스 신이여, 이토록 영광스런 일을 베풀어 주시다니 몸 둘 바를 모르겠습니다. 하지만 공주가 그 일을 받아들일 수 있도록 시간을 좀 주셨으면 합니다. 그 아이는 부모와 함께 사는 데 너무 길들여져서 당신의 청혼을 어떻게 받아들일지 잘 모르겠으니 말입니다."

그러자 보레아스가 대답했다.

"그렇게 기뻐하는 모습을 보니 나도 기분이 좋군. 내 마음 같아선 공주를 당장 데려가고 싶지만, 필요한 시간을 주겠소. 한 달 뒤에 다시 오겠소."

시간을 벌기 위해 연극을 하는 에렉테우스

한 달이 지나자마자 보레아스는 돌아왔다.

에렉테우스는 보레아스에게 말했다.

"모든 것이 잘 되었습니다. 공주에게도 잘 말해 두었습니다. 하지만 공주는 제대로 준비를 해서 가고 싶어 하는군요. 그러려면 시간이 좀 더 필요하겠어요. 제가 말씀드리는 게 무슨 뜻인지 아시겠지요?"

보레아스는 고개를 끄덕이기는 했지만 왕이 말하는 게 무슨 뜻인지 제대로 알지 못했다.

하지만 그는 한 달을 더 참고 기다리기로 마음먹고 빈손으로 돌아갔다.

보레아스가 다시 돌아오자 에렉테우스는 이렇게 말했다.

"준비는 다 되었습니다. 공주도 떠날 차비를 다 했습니다. 신께서는 제 딸아이를 즉시 데리고 가시면 됩니다. 그런데 공주의 어머니인 왕비가 몹시 아픕니다. 지금 공주가 떠나게 되면 매우 마음 아파할 것 같군요. 제 말의 요점을 아시겠지요?"

보레아스는 왕이 말한 요점을 전혀 알 수 없었다. 그리고 일이 어긋나는 게 아닌가 하는 의심도 들었다.

하지만 보레아스는 왕의 말을 따르는 척하고, 오레이티아를 놔두고 다시 떠났다.

에렉테우스는 보레아스가 쉽게 돌아가는 것을 보자 점점 더 자신감이 생겼다.

그래서 보레아스가 다시 한번 찾아왔을 때 그는 또 다시 이렇게 말했다.

"자, 모든 문제가 해결됐습니다. 이젠 문제 될 게 아무

것도 없습니다. 전에도 말씀드렸듯이, 신께서 제 딸을 아내로 삼아 주신다면 인간으로선 더없는 영광이 될 것입니다.

하지만 곰곰이 생각해 보니, 아무래도 신을 위해 한 말씀 드려야겠습니다. 솔직히 말해 지금 공주는 신께서 아내로 삼기엔 너무 어리다고 여겨지는군요.

공주가 좀 더 자라도록 기다리는 게 낫지 않을까요? 그러면 당신의 아내나 주부로도 더 어울리고, 당신 자식들한테도 어머니다운 어머니가 될 수 있지 않겠어요?

한 해나 두 해 정도 있다가 다시 오시면 모든 게 잘 될 것입니다. 행여나 그동안에 다른 여인을 찾아내서 우리의 어린 오레이티아를 잊었다고 말씀하시지는 않으실 테지요, 그렇지요?"

에렉테우스는 자신의 말에 너무 도취되어, 교활하게 웃으면서 보레아스의 등을 정답게 쳤다.

바로 그 순간, 보레아스는 모든 것을 알아차렸다. 그것은 대낮처럼 분명한 일이었다!

에렉테우스는 자기 딸을 전혀 내주고 싶지 않은 것이

다. 번번이 미루었던 핑계들은 모두 다 속임수였다!

하지만 북풍의 신은 무섭게 치밀어 오르는 분노를 꾹 눌러 겨우 마음을 가라앉혔다.

그런 다음 그는 자신의 감정을 조금도 드러내지 않고 말했다.

"좋소. 나도 다시 한번 생각해 보리다."

그 말만 남기고 보레아스는 그 자리를 떴다.

보레아스는 구름 속으로 높이 날아올랐다. 그의 마음은 분노로 혼란스러웠다.

에렉테우스는 그의 인내심을 넘어 그를 모욕했다. 더구나 오레이티아를 잃는다고 생각하니 견딜 수가 없었다.

보레아스는 화난 목소리로 말했다.

"도대체 에렉테우스는 이 보레아스를 어떻게 본 것인가? 다 내 잘못이다. 그렇게 오랫동안 가만히 앉아서 그의 변명 따위를 들어주다니!

수백 년 된 떡갈나무도 뿌리째 뽑아내고, 우뚝 솟은 키프로스나무도 단번에 쓰러뜨릴 수 있는 북풍의 신인 내가! 대양의 파도를 휘저어 산처럼 높이 치솟게 하고, 우박과 서리와 눈을 온 세상에 마음대로 퍼붓고, 물을 돌처럼 단단하게 얼릴 수 있는 내가!

 나의 분노 앞에서 사람들은 벌벌 떨거늘, 그런 내가 에렉테우스 때문에 비굴하게 되어 그따위 약해빠진 모습으로 그놈한테 부탁을 하다니……. 그따위 인간한테!

 안 돼! 내 스스로 해치우리라! 내 당장 오레이티아를 강제로 데려가 내 아내로 만들 것이다!"

 이 말과 함께 보레아스는 힘차게 날갯짓을 했다.

 그러자마자 무서운 폭풍이 땅 위로 몰아쳤다.

신부를 납치하는 보레아스

북풍은 거칠게 몰아치며 가는 곳마다 모든 것을 파괴했다.

무시무시한 폭풍이 에렉테우스의 궁전을 흔들었다.

모든 문들이 활짝 열렸고, 그 바람과 함께 날개 달린 보레아스는 안으로 들어갔다. 그 누구도 그의 힘을 막을 수 없었다.

보레아스는 강한 팔로 오레이티아를 낚아채 하늘 높이 날아올랐다.

그러자 사나운 바람은 곧 잔잔해졌다. 땅에는 폭풍 뒤의 고요가 찾아왔다.

보레아스의 분노는 사랑의 힘으로 부드러워졌다.

이 힘센 신은 자신의 소중한 여인을 부드럽게 껴안은 채 트라키아를 향해 즐겁게 날아갔다.

보레아스는 성대한 결혼 잔치를 열었다.

오레이티아는 바람의 신들 중에서도 가장 힘이 센 신이 사는 눈의 궁전의 여주인이 되었다.

그녀는 남편인 북풍의 신에게 두 아들을 낳아 주었다.

두 아들은 아버지처럼 날개가 달린 훌륭한 청년들로 자라났다.

그들의 이름은 제테스와 칼라이스였다. 그들은 나중에 아르고선에 올라 모험에 참가해 큰 업적을 이루었다.

보레아스의 형제들도 다들 위대한 바람의 신들이었다.

생명을 주는 비를 불러오는 남풍의 신 노토스, 서쪽으로부터 시원하고 부드러운 바람을 몰고 와 모두에게 사랑받는 서풍의 신 제피로스, 동쪽으로부터 불어오는 온화하고 신선한 바람의 신 에우로스가 그의 형제들이었다.

이 모든 바람의 지배자는 아이올로스였다.

아이올로스는 이탈리아 해변에서 좀 떨어져 있는 위엄 있는 궁전에서 아내와 여섯 아들, 여섯 딸과 함께 행복하게 살고 있었다.

당시에는 그곳을 '아이올리아'라고 불렀는데, 오늘날 사람들은 '스트롬볼리'라고 부른다.

아이올로스는 언제든 원할 때마다 바람이 부는 것을 멈추게 할 수 있었다. 그가 바람을 멈추게 할 때면 온 땅 위에 평화가 넘쳐흘렀다.

아이올로스와 오디세우스

아주 오래전, 트로이 전쟁이 끝나고 그리스 사람들이 고향으로 돌아갈 때였다.

이타케의 왕 오디세우스 일행이 탄 배들이 파도에 떠밀려 아이올리아 해변에 닿았다.

이것은 대양의 가장 힘센 지배자인 포세이돈의 짓이었다.

포세이돈은 오디세우스가 자기 아들인 폴리페모스의

눈을 멀게 한 사실을 알고 분노를 이기지 못해 그 영웅의 배를 해변으로 던져 버린 것이었다.

아이올로스는 고행 끝에 돌아온 오디세우스 일행을 자신의 섬에 반갑게 맞아들였다.

그는 자신의 여섯 아들에게 오디세우스를 도와 배를 수리하라고 했다.

또한 매일 저녁 궁전에 오디세우스 일행을 초대해 먹고 마시고, 즐겁게 놀기도 했다.

아이올로스는 오디세우스가 방황하며 고생한 이야기를 듣고 그를 가엾게 여겼다.

그래서 오디세우스가 더 이상 고생하지 않고 고향 땅으로 돌아갈 수 있도록 도와주겠다고 마음먹었다.

오디세우스 일행의 배가 다시 떠날 때, 아이올로스는 포세이돈의 분노로부터 그들을 보호할 방법 하나를 생각해 냈다.

아이올로스는 커다란 황소 한 마리를 잡아 그 가죽으로 주머니를 만들었다.

그런 다음 서풍의 신 제피로스를 뺀 나머지 모든 바람

을 그 속에 집어넣고 주머니를 막았다.

주머니가 열려 바람들이 나오지 못하도록 은으로 된 끈으로 단단히 묶었다.

아이올로스는 오디세우스에게 말했다.

"이 주머니를 너에게 맡기노라. 주머니를 배 안에 두고 절대로 열어 보지 말고 잘 지켜라. 그렇게만 하면 이타케에 열흘 안에 닿을 것이다."

항해를 시작할 때, 오디세우스는 동료들에게 그 주머니

를 만지지 못하도록 주의를 주었다.

제피로스는 그들이 탄 배의 돛을 부풀렸다.

배는 그리스를 향해 동쪽으로 빠르게 나아갔다.

죽음을 부르는 의심

그들은 아흐레 동안 대단히 빠른 속도로 항해하여, 열흘째 되는 날에는 이미 이타케 근처에 다다르게 되었다.

오디세우스가 자고 있을 때였다. 그의 동료들이 모여 쑥덕거리기 시작했다.

그들은 자기들의 지도자가 혼자서만 보물을 빼내어 가져가는 게 아닌가 의심하고 있었다.

한 사람이 말했다.

"저 주머니 속에 보물이 들어 있을 거야."

또 한 사람이 말했다.

"그러니까 우리가 그걸 열까 봐 그렇게 겁내는 거지."

또 다른 사람이 말했다.

"우리는 모두 함께 싸웠고 같이 고생했어. 그런데 지금은 오디세우스 혼자만 금은보석을 챙겨 가는군. 우리는 몽땅 빈손으로 돌아가는데 말이야."

처음에 말을 꺼낸 사람이 주장했다.

"저 주머니를 열어 보자."

그들은 모두 소리쳤다.

"그러자! 얼른 저것을 열어 보자!"

그들은 기어코 그 주머니를 열었다.

그때는 이미 이타케의 산들이 지평선 위로 보이기 시작했다.

하지만 소용없는 일이었다. 모든 바람이 한꺼번에 서로 밀치며 쏟아져 나오자 무서운 폭풍이 그들의 머리 위로 몰아쳤다.

배들은 조각조각으로 부서져 파도 위에서 춤을 추었다.

거센 바람은 오디세우스 일행을 고향 땅의 해변에서 또 다른 모험이 기다리고 있는 먼 곳으로 몰고 갔다.

그때부터 사람들은 거칠고 파괴적인 바람이 갑자기 불게 되면 "아이올로스의 주머니가 열렸다."라고 말하게 되었다.

알키오네

아이올로스에게는 여섯 딸이 있었다. 그들 중 가장 아름다운 딸이 알키오네였다. 그녀는 트라키아의 왕인 케익스와 결혼했다.

알키오네는 남편을 깊이 사랑했다. 그래서 남편이 낚시를 하기 위해 먼바다로 나갈 때마다 마음을 바짝 졸이곤 했다.

그러나 케익스는 아내가 아무리 말려도 듣지 않을 만큼

열성적인 낚시꾼이었다.

그러던 어느 날, 알키오네는 무서운 운명이 남편을 덮칠 것만 같은 끔찍한 예감에 사로잡혔다.

겁에 질린 그녀는 남편에게 바다로 나가지 말라고 간절히 부탁했다.

"나는 파도와 바람을 잘 알고 있소. 내 배는 튼튼하고, 나처럼 그 배를 잘 모는 사람도 없을 거요. 게다가 날씨두 좋지 않소? 낚시를 포기하기엔 너무 좋은 날씨요."

남편은 이렇게 대답했다.

"당신이 배를 잘 몬다는 걸 부정하지는 않아요. 당신이 바다와 날씨를 잘 안다는 것도 알아요. 하지만 바람을 다스리는 신인 나의 아버지도 알아차리지 못할 때가 종종 있는걸요.

나는 아버지가 잔잔한 날씨에도 갑자기 분노한 폭풍이 일어날 수 있다고 말하는 걸 여러 번 들었어요. 그러니 제발, 한 번만 내 말을 들어 줘요. 오늘만 바다로 나가지 말아요."

알키오네는 애타게 빌었다.

 혹시 케익스가 아내의 눈에 흐르는 눈물을 보았다면, 아내가 바라는 대로 바다에 나가는 것을 포기했을까?

 하지만 케익스의 자부심은 그를 눈멀게 하여 그토록 아내가 괴로워하는데도 모른 척하게 만들었다.

 인생은 그런 것이다.

 우리는 때때로 자신이 다른 사람들에게 얼마나 큰 고통을 주는지 알고 싶어 하지 않는다. 자신의 조그만 즐거움을 망치게 될까 봐 걱정이 되기 때문이다.

그러다 그 일의 결과에 부딪히는 순간이 온다. 그때는 이미 사과하기엔 너무 늦고 만다.

케익스가 이기적인 자부심 때문에 치러야 하는 대가는 너무도 컸다.

물총새들

케익스가 먼바다로 나갔을 때, 아무런 징조도 없던 날씨가 갑자기 돌변했다.

무서운 돌풍이 몰아치더니 바닷물을 성난 듯이 휘저었다. 검은 구름이 수평선 위를 달리듯 지나갔고, 바람에 몰린 바다는 거품을 일으켰다. 순식간에 파도는 산처럼 높아졌다.

케익스의 배는 성냥개비나 다름없었다.

알키오네는 절망적인 마음으로 해변으로 달려갔다.

그녀는 높은 바위 위로 올라가서 먼바다를 바라보았다. 사랑하는 남편의 모습을 찾아보려고 눈을 크게 떴다.

마침내 알키오네는 휘몰아치는 파도 위에 떠 있는 남편의 몸을 보게 되었다.

알키오네는 미칠 것만 같았다. 이제 그녀는 마지막으로 케익스를 뜨겁게 껴안은 채 그와 함께 죽고 싶다는 마음 말고는 아무런 생각도 들지 않았다.

  절망에 빠진 알키오네는 바위 위에서 거품이 이는 아래쪽 바다로 몸을 날렸다.

  신들은 자신의 마지막 소원을 향해 온몸을 던진 알키오네를 가엾게 여겼다. 그래서 그들 부부를 모두 물새로 만들어 주었다.

  그 뒤로 그 새들은 그리스 말로 '할키오네'라고 불렸다. 즉, 물총새였다.

  물총새들은 일생 동안 부부로 지내며 한 마리가 죽으면 나머지 한 마리도, 마치 알키오네가 그랬던 것처럼 목숨을 끊으려고 몸부림친다.

  물총새들은 한겨울에 알을 깐다.

  하지만 새끼들이 알을 까고 나올 무렵이면 반드시 태양이 나오고 찬바람이 잦아든다.

  그것은 알키오네가 죽은 다음부터 아이올로스가 겨울바람들에게 주의를 준 탓이라고 한다.

아버지가 자기 딸과 다른 물총새들이 새끼를 안전하게 기를 수 있게 배려한 것이다.
 지금도 사람들은 추운 겨울에 봄 날씨처럼 따뜻한 날이 오면 '물총새의 날들'이라고 부른다.

다이달로스와 이카로스

다이달로스와 이카로스

  기억할 수도 없는 오랜 옛날부터 인간은 하늘로 날아오르기를 꿈꿔 왔다.

  하지만 아득한 옛날에, 그런 대담한 꿈은 결코 이루어질 수 없는 불가능한 꿈으로만 여겨졌다.

  그런데 신화는 인간이 날 수 있다고 믿었을 뿐만 아니라 실제로 날아올랐던 사람에 대해 이야기하고 있다.

  그의 이름은 다이달로스였고, 그와 함께 날아오른 자는 그의 아들인 이카로스였다.

그 일이 일어나기까지는 많은 사연이 있었다.

그 이야기는 지혜와 아름다움의 도시 아테네에서 시작된다.

당시 아크로폴리스 아래쪽, 오래된 시장 근처에는 많은 작업장과 일터가 있었다.

그곳에서는 조각가와 화가 등 모든 예술가들이 모여서 일을 하고 있었다. 그들 중에서도 가장 뛰어난 사람이 바로 다이달로스였다.

그는 에렉테우스 왕의 핏줄을 이어받은 후손으로, 최고의 기술을 가진 기술자이자 예술가였다.

다이달로스의 조각품들은 어찌나 살아 있는 것처럼 보였는지 금방이라도 입술을 열고 말을 할 것 같았다고 한다. 그의 그림들 역시 진짜와 똑같았다.

그래도 다이달로스는 예술가보다는 건축가와 발명가로 더 잘 알려져 있다.

그가 만든 건축물들은 매혹적인 도시 아테네를 지금까지도 아름답게 빛내 주고 있다.

특히 다이달로스의 발명품 중에서 컴퍼스, 드릴, 도끼,

항해를 위한 돛대와 돛을 손꼽을 수 있는데, 그 모든 것들이 당시에는 매우 중요한 발명품이었다.

아테네 사람들은 다이달로스의 업적에 대해 엄청난 존경심을 품고 있어서 지혜와 예술의 여신인 아테나가 그를 직접 가르치고 도와주고 있다고 믿었다.

하지만 다이달로스의 재능을 질투하고 그가 잘못되기를 바라는 자들도 있었다.

위대한 사람들의 주변에는 친구들도 많이 모이지만, 동시에 적들도 많이 생기는 법이었다.

이제 우리가 보게 되듯이, 아테나 여신의 제자인 다이달로스도 적의 무리에게 커다란 해를 입게 된다.

다이달로스와 탈로스

다이달로스에게는 작업실에서 그를 도와주는 탈로스라는 조수가 있었다.

탈로스는 열다섯 살 난 소년으로 누이 페르디카의 아들이었다.

타고난 재주가 있는 데다 부지런한 그는 삼촌의 일을

매우 좋아했다. 그래서 다이달로스가 하는 말을 귀 기울여 잘 듣더니 기술이 날로 늘어 갔다.

 어느 날 탈로스가 나무 막대를 둘로 자르려는데, 며칠 전에 발견한 뱀의 턱뼈가 문득 떠올랐다.

 날카로운 이빨들이 촘촘히 박혀 있는 턱뼈였다.

 그것을 쓰자 나무는 재빨리 깨끗하게 잘렸다.

 탈로스는 가만히 주저앉아 곰곰이 생각했다.

 마침내 그는 금속으로 된 칼날 바깥쪽에 이빨을 만들어 넣었다. 그러자 꼭 뱀의 턱뼈처럼 보였다.

 탈로스가 만든 그 기구는 나무 막대뿐만 아니라 두꺼운 나무 둥치도 자를 수 있었다.

 이 세상에 처음으로 톱이란 물건이 생긴 것이다.

 다이달로스는 조카의 발명품을 보고 감탄했다. 그래서 모두들 불러 모아 탈로스의 이 새로운 발명품을 자랑스레 보여 주었다.

 다음 날 다이달로스는 누이에게 말했다.

 "페르디카, 이걸 좀 봐. 누나의 아들이 만든 이 기가 막힌 기구를 좀 보라구! 자, 이리로 와서 우리가 이걸 가지고

무얼 자르나 잘 봐!"

다이달로스는 누이 앞에서 탈로스의 톱이 나무를 얼마나 아름답게 잘라 내는지 보여 주었다.

페르디카가 웃으며 말했다.

"네 월계관을 조심해야겠다. 언젠가는 탈로스가 네 실력을 넘어서겠는걸!"

다이달로스는 진지하게 대답했다.

"그게 바로 내가 바라는 바야. 나는 탈로스가 그렇게 되길 바라며 일하고 있다고."

그러나 탈로스는 명예로운 그 길을 따라 나아갈 운명을 지니지 못했다.

탈로스의 죽음

어느 날, 다이달로스와 탈로스는 평화롭게 아크로폴리스 위를 걷고 있었다.

그들은 저 아래쪽에 펼쳐진 도시와 아티카 평원을 감상하면서 커다란 바위의 가장자리를 따라 걷고 있었다.

그때 갑자기 재앙이 덮쳤다. 탈로스가 몸의 균형을 잡지 못해 비틀거리더니 발이 삐끗하면서, 가장자리에서 떨어져 죽고 만 것이다. 다이달로스가 미처 구할 새도 없었다.

이 끔찍한 불행은 다이달로스의 적들에게는 좋은 기회였다.

그들은 악하고 비열했지만 동시에 영향력이 큰 사람들이었다. 그래서 다이달로스를 법정으로 끌고 가는 데 성공했다.

그들은 다이달로스가 질투심으로 탈로스를 밀어 죽인 거라며 그를 고소했다!

진실은 다 알려져 있었지만, 다이달로스를 질투하는 사람들은 그가 가진 예술의 힘을 두려워했다.

고발자들은 재판관들 중에 친구들이 있다는 것만 믿고, 뻔뻔스럽게도 다이달로스를 사형시키라고 요구했다.

그들은 그 요구를 얻어 내지는 못했다.

하지만 다이달로스를 아테네에서 평생토록 추방하는 데에는 성공했다.

아테네의 수많은 시민들은 위대한 다이달로스가 조카를 얼마나 사랑했는지 잘 알고 있었다. 또한 그들 중 어느 누구도 진정한 예술가는 범죄를 저지를 수 없다는 사실을 모르지 않았는데도 판결은 그렇게 났다.

그리하여 엎친 데 덮친 격이 되었다.

다이달로스는 재능 있는 조수이자 미래의 예술가인 조카를 영원히 잃었다.

그런데 그 슬픔에서 헤어날 틈도 없이, 탈로스의 죽음으로 인해 자신이 태어난 도시에 살면서 일할 권리를 빼앗기는 무겁고 억울한 판결을 받아야 했다.

그런 이중의 불행으로 마음에 상처를 입은 이 위대한 예술가는 추방 길에 올랐다.

다이달로스는 피라에우스 항구로 가서 그곳을 떠나는 첫 배를 탔다.

어디로 가는 배인지도 몰랐고 신경조차 쓰지 않았다.

추방당한 다이달로스

항구를 떠나면서도 다이달로스는 배가 어디로 가고 있는지 알아채지 못했다.

그 배는 델로스, 낙소스, 테라라 불리는 키클라데스 제도를 향해 동쪽으로 가다가 남쪽으로 방향을 바꾸어 크레타섬으로 향하고 있었다.

그 당시 크레타는 냉혹한 미노스 왕이 다스리고 있었

다. 그는 제우스와 에우로페 사이에서 태어난 아들이었다.

미노스가 다스리는 크레타는 지중해의 나라들 중에서 가장 강한 힘을 지닌 나라였다. 그는 세상에서 가장 강력한 함대를 가지고 있었으며, 그의 제국은 최고의 영광을 누리고 있었다.

크레타의 수도인 크노소스는 막대한 부를 자랑하듯 황금으로 번쩍거렸다.

사치스런 궁궐들과 사원들이 호화롭고 장엄한 다른 건물들과 함께 세워져 있었다.

미노스는 자신의 부를 숨기는 사람이 아니었다.

그는 크레타섬에 발을 디디는 모든 이방인들이 자신의 막대한 부와 강한 힘 앞에서 어지러움을 느끼길 바랐다. 그는 자신의 업적에 자부심을 지니고 있었다.

하지만 그것은 미노스가 아테네에 가기 전까지의 이야기였다.

그는 아테네에 갔을 때 훌륭한 사원들과 건물들과 조각품들, 그 밖의 다른 우아한 예술 작품들을 접하게 되었다.

그때 사치스러운 크노소스에 대해 미노스가 지니고 있던 자부심은 순식간에 날아가 버렸다.

미노스는 세상의 모든 돈을 갖고 있더라도 기술이 뛰어나고, 재능이 넘치는 예술가가 없다면 어떠한 아름다운 것도 창조해 낼 수 없다는 사실을 뼈저리게 깨달았다.

미노스는 아테네에 머무는 동안, 자신의 마음을 사로잡는 특별한 예술 작품을 만날 때마다 누가 그것을 만들었는지 반드시 물어 보았다.

그럴 때마다 돌아오는 대답은 한결같았다. 그 이름은 다이달로스였다.

그렇게 해서 미노스는 이미 온 세상에 가장 위대한 예술가이자 발명가, 기술자로 널리 알려져 있는 다이달로스의 이름을 비로소 알게 되었다.

미노스 왕을 위해 일하는 다이달로스

아테네에서 큰 감동을 받고 크레타로 돌아온 미노스 왕에게 고국은 이제 보잘것없고 초라하게만 여겨졌다.

온 나라에 금이 넘쳐흘렀고, 세상의 모든 나라들이 두

려워하는 나라인데도 그랬다.

미노스는 혼자 중얼거렸다.

"다이달로스를 내 사람으로 만들 수만 있다면 더 이상 바랄 게 없겠는데……."

그러던 어느 날이었다.

미노스가 튼튼한 황금 왕좌에 앉아 우울한 생각에 잠겨 있을 때, 한 신하가 환호성을 지르며 뛰어들어왔다.

그러고는 큰 소리로 말했다.

"신의 아들인 전능하신 크레타의 왕이시여! 저는 폐하의 근심을 즉각 씻어 드릴 소식을 가져왔습니다. 분명 대단히 기뻐하실 것입니다!"

미노스는 기운 없이 대답했다.

"요사이 내게는 좋은 소식이란 없다. 아무리 좋은 소식도 나의 슬픔을 없애 주지 못하는구나."

"하지만 이번 소식은 폐하께서 그토록 애타게 바라시던 소식입니다. 다이달로스가 크레타에 왔습니다. 그는 폐하 밑에서 일할 길을 찾고 있습니다!"

신하의 말에 미노스는 자리에서 벌떡 일어났다. 그러고

는 기쁨에 겨워 소리를 질렀다.

"뭐라고? 다이달로스가 크레타에 왔다고? 내 몸소 나가 그를 맞으리라!"

미노스는 다이달로스를 온갖 왕실의 예의를 갖추어 크게 환영했다.

그리고 그의 제안을 즉각 받아들여 요구하는 모든 것을 갖추어 주었다.

바로 다음 날부터 다이달로스는 크레타를 아름답게 만드는 작업에 들어갔다.

크레타를 다시 짓는 다이달로스

그리하여 크노소스를 비롯한 크레타의 모든 도시들은 우아한 건물과 사랑스러운 예술 작품으로 꾸며지게 되었다.

미노스는 다이달로스를 입에 침이 마르도록 칭찬했다.

다이달로스는 크레타에 머물면서 열심히 일했다.

그는 키클라데스 출신의 사랑스러운 소녀 나오크레타와 결혼도 했다.

나오크레타는 그에게 이카로스라는 아들을 낳아 주었다.

그러나 나오크레타는 이카로스가 아기였을 때 세상을 떠났다.

이카로스는 아주 어릴 때부터 건축과 그림과 조각을 사랑하게 되었다.

그의 커다란 야망은 자신의 아버지처럼 위대한 예술가

가 되는 것이었다.

 이카로스는 어른이 되자, 아버지가 크레타에 와서 한 일 중에서도 가장 거대한 작업인 미궁 건설을 도왔다.

 미궁은 수많은 방과 수많은 복도들이 엉켜 있는 매우 복잡한 건물이어서 누구든 한번 들어가면 절대로 나올 수 없었다.

 그런 미궁의 가장 깊숙한 곳에 미노타우로스가 갇혀 있었다.

미노타우로스는 사람의 몸에 소의 머리를 한 괴물로 사람들을 잡아먹었다.

그러나 보기만 해도 끔찍한 이 괴물은 결국 아테네의 위대한 영웅 테세우스에 의해 목숨을 잃었다.

이렇게 해서 테세우스는 미노타우로스의 밥이 되기 위해 크레타섬에 끌려온 아테네의 백성들, 일곱 명의 청년과 일곱 명의 처녀를 구해 냈다.

그때까지 아테네는 해마다 미노스에게 미노타우로스의 제물을 바쳐 왔다.

다이달로스는 테세우스가 미노타우로스를 죽이는 데 도움을 주었다.

미노스가 그 사실을 알게 되었을 때 그의 노여움은 하늘을 찌를 것 같았다.

날이 밝자마자 다이달로스는 아들인 이카로스와 함께 자신의 손으로 만든 미궁에 갇히게 되었다.

이제 두 사람은 머리를 맞대고 오직 한 가지 생각만을 했다.

어떻게 이 미궁을 빠져나가 크레타에서 도망칠 것인가

하는 점이었다.

과감한 계획

다이달로스가 말했다.

"노예로 산다는 건 참기 힘든 일이야. 더군다나 예술가에게는 보통 사람보다 열 배는 더 힘든 일이지. 하지만 어떻게 크레타를 빠져나간단 말인가? 우리는 미궁조차 빠져나갈 길을 찾을 수 없지 않은가?"

그러자 이카로스가 대답했다.

"새들만이 자유롭군요. 우리가 새들처럼 날 수만 있다면 여기서 도망칠 수 있을 텐데……. 하지만 안타깝게도 신은 인간에게 날개를 주지 않으셨지요."

"그렇지만 이카로스야, 신은 인간에게 뇌를 주셨지."

다이달로스는 이렇게 말한 뒤 갑자기 생각에 잠기더니 말이 없었다.

이카로스는 계속해서 말했다.

"그래요, 우리에겐 뇌가 있어요. 하지만 날개까지 있다면 얼마나 멋지겠어요!

우린 하늘 높이 태양까지 치솟아서 새처럼, 구름처럼, 신들처럼 날아다닐 수 있을 텐데!"

다이달로스는 아들이 하는 말에는 조금도 신경을 쓰지 않고, 오로지 하늘만 뚫어지게 바라보며 깊은 생각에 잠겨 있었다. 그의 머리에는 지금 대담한 아이디어가 떠오른 것이다.

미노스의 아내 파시파에 왕비가 두 죄수를 만나러 왔을 때에도, 다이달로스는 생각에 잠긴 채 앉아 있었다.

파시파에는 남편처럼 잔인하지 않았다.

그녀는 위대한 예술가와 그의 아들이 보통의 범죄자들처럼 갇혀 있는 것을 보는 게 무척이나 마음 아팠다. 갇혀 있는 외로움이 어떻다는 것을 파시파에는 잘 알고 있었다.

파시파에는 자주 미궁을 찾아와 그들과 이야기를 나누고, 위로해 주었다.

다이달로스는 파시파에 왕비를 보자 갑자기 큰 소리로

말했다.

"나는 모든 걸 참을 수 있어요. 하지만 이렇게 노예로 갇힌 채, 제 손이 빈둥빈둥 놀고 있는 걸 보는 것만은 정말 참을 수가 없습니다!"

파시파에 왕비의 도움

"내가 설사 당신들을 여기서 꺼낼 수 있다 하더라도, 당신들은 당장에 다시 잡힐 거예요."

파시파에는 그렇게 말하며 한 마디를 덧붙였다.

"오늘 아테네로부터 테세우스가 왕이 되었다는 소식을 들었어요. 그러니 당신의 추방령도 풀릴 거예요."

"이제 고국에 돌아갈 수 있게 되었군요!"

다이달로스는 기쁨에 겨워 소리쳤다.

그러자 파시파에가 말했다.

"하지만 다이달로스, 탈출은 쉬운 일이 아니에요. 앞으로는 더 힘들 거예요. 아테네의 시민들이 당신이 돌아오기를 바란다는 걸 알자, 미노스 왕은 더욱 신경을 쓰고 있어요. 당신들이 여기 미궁 속에 갇혀 있는데도 크레타 모든 곳의 경비를 더 철저하게 하도록 한 걸요.

왕은 당신이 빠져나가는 걸 두려워해요. 그래서 모든 해안선을 감시하고 항구도 철저히 조사하게 했어요. 정말 바늘 하나도 빠져나가기 힘들 만큼 철통같은 경비예요. 나는 당신들을 돕고 싶지만 솔직히 어떻게 해야 할지 모르겠어요."

그러자 다이달로스가 말했다.

"왕비님이 숨겨 올 수 있을 만큼씩만 깃털을 가져다주세요. 백조의 깃털과 독수리의 깃촉과 황새의 날개깃과 독수리의 날개 털이 필요해요. 그 깃털들만 가져다주신다면 우리가 날개를 만들어 보겠습니다!"

그러자 파시파에는 깜짝 놀라서 말했다.

"그렇지만 다이달로스, 그런 일은 처음 들어 봐요. 어떻게 당신은 그런 일이 있을 수 있다고 생각하나요?"

"내가 부탁한 깃털들만 모아다 주세요. 왕비님이 정말로 우리를 도와주고 싶으시다면 말이죠!"

그것이 다이달로스의 대답이었다.

파시파에는 다이달로스의 목소리에서 묻어나는 자신

감과 단호함에 마음이 움직여 그의 말대로 하기로 작정했다.

그러한 업적을 이룰 발명의 재능과 기술을 가진 자가 있다면, 그것은 바로 다이달로스일 것이기 때문이었다.

준비는 다 되었다!

바로 다음 날부터 파시파에는 깃털들을 조금씩 가져다주기 시작했다.

다이달로스는 곧바로 작업을 시작했다.

그는 위대한 기술과 예술성으로 모든 깃털들을 알맞게 배치하여, 밀랍(벌집을 만들기 위해 꿀벌이 분비하는 물질)으로 제자리에 붙였다.

그 일은 섬세함과 시간과 인내를 요구했다.

하지만 며칠 만에 날개들은 제 모양을 갖추게 되었다. 어떻게 보아도 네 짝의 날개는 새들의 날개와 똑같았다.

하지만 크기가 훨씬 더 컸고, 신들조차 부러워할 만큼 아름답게 만들어졌다.

다이달로스는 가죽끈을 이용해서 한 쌍의 날개를 이카

로스의 팔과 어깨에 달아 주었다. 그런 다음 자기의 날개도 달았다.

이제 날개가 작동하는지 시험해야 할 차례였다.

다이달로스는 팔을 위아래로 흔들어 보았다. 그러자 힘들이지 않고도 몸이 허공으로 날아올랐다. 이카로스도 같은 동작을 했다. 그의 날개 역시 그를 위로 떠올렸다.

준비는 다 되었다!

날개를 펴고 출발하기에 앞서 다이달로스는 아들을 지

그시 바라보며 말했다.

"이카로스, 내 아들아. 우리가 지금 하려는 여행은 결코 쉬운 게 아니란다. 우리는 먼 길을 가야 한단다. 하지만 조심만 한다면 목적지에 안전하게 갈 수 있을 것이다. 우리는 너무 낮게 날아서도 안 된단다. 그러면 파도에 깃털이 젖게 된다.

그렇다고 하늘 높이 치솟아도 안 된단다. 그러면 태양열에 날개를 붙인 밀랍이 녹아 버린단다. 우리는 천천히, 꾸준히, 황새들처럼 날아가야 한단다. 그러면 우리는 안전하고 유쾌하게 날아갈 수 있을 거란다."

이카로스가 물었다.

"아버지, 아테네엔 언제 도착하나요?"

다이달로스가 대답했다.

"나도 모른단다, 아들아. 나는 오랫동안 깊이 생각해 보았단다. 하지만 그곳엔 가지 말아야 한다고 여겨지는구나. 우리가 만약 아테네로 간다면, 미노스가 당장 전쟁을 일으켜서 우리를 크레타로 다시 데려올 것이다.

그뿐만 아니라 우리를 감춰 준 대가로 아테네 시민들을

벌줄지도 모른다. 우리 때문에 고국이 피바다가 되어 멸망해서는 안 될 것이다."

날개 달린 신처럼

다이달로스가 말했다.

"저는 아버지를 따르겠어요. 아버지가 가는 곳이면 어디든지 가겠어요."

"아들아, 그래야만 한단다. 이제 인류가 결코 잊을 수 없는 위대한 순간이 왔다. 나를 따르라, 그리고 내 충고를 꼭 기억해라."

이 말과 함께 다이달로스는 커다란 날개를 들어 올려 하늘로 솟아올랐다. 이카로스는 그의 뒤를 바짝 따라붙었다.

잠시 뒤 그들은 미노스 왕의 궁궐 위를 지나갔다.

파시파에는 걱정이 되어 이른 아침부터 테라스에서 미궁을 내다보고 있었다.

그들이 막 테라스 위를 지나갈 때, 마침 미노스도 아내를 찾아 나왔던 참이었다.

 미노스는 도무지 믿어지지 않는 광경을 보게 되자 입을 딱 벌리고는 소리쳤다.

 "파시파에! 파시파에! 저런 광경은 지금까지 한 번도 본 적이 없소. 두 명의 신이 하늘을 날아가고 있소!"

 "진짜 신들이네요!"

 파시파에는 대답하며 얼굴을 옆으로 돌렸다. 자신의 눈에 가득 찬 눈물을 왕이 볼까 두려웠기 때문이다.

 다이달로스와 이카로스는 안전하게 천천히 날아갔다.

머지않아 키클라데스 제도의 첫 번째 섬이 내려다보였다. 반달처럼 보이는 그 섬은 테라였다. 북쪽으로 더 날아가자 낙소스섬이 나왔다. 그 섬은 디오니소스의 섬이었다. 그다음엔 아폴론의 커다란 신전이 있는 델로스섬이 나왔다.

마침내 그들 밑으로 확 펼쳐진 대양이 나타났다.

이카로스는 이 새로운 날개가 너무나 마음에 들어 날 수 있는 만큼 높이 날아오르기 시작했다.

이카로스의 추락

그 정도는 아직 위험하지 않았지만 다이달로스는 걱정이 되어 소리쳤다.

"그만 올라가! 이카로스!"

이카로스가 소리쳤다.

"걱정 마세요, 아버지. 아무렇지도 않아요!"

"애야, 거기 멈춰라. 조심해야 해. 우리는 게임을 하는 게 아니라 지금 중대한 여행을 하고 있는 거야."

하지만 불행히도 이카로스는 자신이 모든 것을 알고 있

다고 생각했으므로 아버지의 충고를 듣지 않았다.

파에톤의 슬픈 최후처럼 이카로스의 최후 역시 죽음으로 끝나게 되어 있었다.

몇천 년이 지나도 언제나 그런 법이었다.

하지만 인간은 용기를 필요로 한다. 젊은 사람들이 나이 든 사람들보다 훨씬 과감하다고 해서 비난받을 수는 없다.

그토록 겁 없이 용감하지 않았다면 이카로스의 삶은 아무 의미도 없었을 것이다. 높이 올라가면 갈수록 이카로스의 영혼도 높이 올라갔다.

태양은 이카로스를 자석처럼 끌어당겼고, 아버지의 경고는 그의 마음에서 조금씩 날아가 버렸다.

다이달로스는 아들이 괜찮은지 보려고 다시 뒤를 돌아보았다.

하지만 아들의 모습이 보이지 않았다.

불길한 예감이 든 다이달로스는 온 하늘을 샅샅이 눈으로 훑었다.

마침내 그는 저 하늘 위쪽에서 작은 점 하나를 발견했

다. 태양의 밝은 원반을 향해 급속도로 다가가는 점이었다

"이카로스! 이카로스! 돌아와라!"

다이달로스는 절망적으로 온 힘을 다해 외쳤다.

하지만 다이달로스의 다급한 목소리는 드넓은 하늘로 흩어져 버려서 아들의 귀에는 결코 닿지 않았다.

그리고 다이달로스가 두려워한 바로 그 일이 일어났다.

태양이 밀랍을 녹여 이카로스의 날개 깃털들이 허공에서 흩어지기 시작했다. 곧 깃털은 하나도 남지 않게 되었다.

이카로스는 그 높은 곳에서 돌처럼 떨어지기 시작했다.

다이달로스는 미친 듯이 날개를

퍼덕이며 아들을 잡으려고 쫓아갔지만 이미 소용없는 일이었다.

겁 없이 용감했던 젊은 청년은 까마득한 저 아래 푸른 바다의 품 안에 안기고 말았다.

다이달로스는 아들의 시체를 건져 가까운 섬으로 가서 묻어 주었다.

그 뒤로 그 섬은 '이카리아'로 불렸고 그 바다도 '이카리오스해'라고 불리게 되었다.

또한 이카로스라는 이름은 하늘을 나는 꿈을 실현하려고 목숨을 내던지는 사람들을 명예롭게 기릴 때마다 반드시 기억되었다.

아들의 죽음으로 커다란 슬픔에 잠긴 다이달로스에게 이제 남은 희망은 하나밖에 없었다. 아들이 추락한 곳에서 가능하면 멀리 떨어지는 것이었다.

그리하여 다이달로스는 서쪽으로 날아가고 날아가서 마침내 시칠리아섬에 닿았다.

다이달로스를 찾아다니는 미노스

긴 항해 끝에 마침내 육지에 다다랐을 때, 다이달로스가 맨 처음 한 행동은 이카로스의 목숨을 앗아 간 날개를 부수어 버리는 일이었다.

그런 다음 그는 코칼로스 왕의 궁전을 찾아가 왕을 위해 일하겠다고 말했다.

코칼로스는 다이달로스를 기꺼이 받아들이고 중요한 일들을 모두 맡겼다.

그중에는 남부 시칠리아에 있는 '아크라간토스'라 불리는 튼튼한 성벽을 쌓는 일도 들어 있었다.

한편 미노스도 팔짱을 낀 채 가만히 보고만 있지는 않았다.

그는 다이달로스가 탈출했다는 사실을 알자마자, 거대한 함대를 동원해서 그 위대한 기술자를 찾아 나섰다. 어떻게든 그를 다시 크레타로 데려올 작정이었다.

미노스는 그 일에 어떤 도움도 기대하지 않았다.

다이달로스가 어디에 가 있든 그 나라 사람들은 그를 지키려고 할 것이었다.

그래서 미노스는 교활한 꾀를 썼다.

미노스는 다이달로스를 찾고 있다는 사실을 결코 드러내지 않았다.

그는 단지 바다의 신 트리톤이 준 선물인 소라 껍데기만을 가지고 갔다.

이 소라 껍데기는 뾰족한 끝마다 작은 구멍이 나 있어 트리톤은 그것을 통해 폭풍과 돌풍을 일으킬 수 있었다.

미노스는 가는 곳마다 사람들에게 소라 껍데기를 보여 주었다. 그러고는 소라 껍데기의 열린 주둥이를 통해 안쪽의 나선을 돌아 바깥 구멍으로 실을 꿸 수 있는 사람이 있는지 물어보았다.

물론 그는 소라 껍데기에 실을 꿰는 사람에게는 풍부한 상을 내리겠다고 약속했다.

미노스는 소라 껍데기에 실을 꿸 수 있는 유일한 사람을 찾아서 온 세상을 돌아다녔다.

그러다 마침내 그는 시칠리아에 다다라 코칼로스 왕에게도 소라 껍데기를 내밀었다.

코칼로스는 그 도전을 받아들이고 소라 껍데기를 다이

달로스에게 가져갔다.

꾀 많은 다이달로스는 소라 껍데기의 좁은 구멍 끝마다 돌아가며 꿀을 조금씩 발랐다.

그런 다음 개미의 다리에 가느다란 실을 묶어서 소라 껍데기의 넓은 주둥이 쪽으로 집어넣었다.

다리에 실이 묶인 개미는 달콤한 꿀 냄새를 따라 안쪽의 나선을 따라 들락날락하면서 반대쪽 구멍에 닿을 때까지 기어갔다.

그렇게 하여 코칼로스는 실에 꿴 소라 껍데기를 미노스 왕 앞에 자랑스럽게 내놓았다.

마침내 고국의 품으로

실에 꿴 소라 껍데기를 보는 순간 미노스는 그것이 누구의 작품인지 당장에 알아차렸다.

이 세상에서 그 일을 해낼 수 있는 사람은 자신이 그토록 오랫동안 찾아다니고 있는 그 남자, 다이달로스 말고는 없었다.

미노스는 기쁨에 겨워 소리를 질렀다.

"이것은 다이달로스가 한 짓이 분명하다! 그를 당장 이리로 데려와라. 나는 그를 데리고 크레타로 돌아갈 것이다!"

이제 코칼로스는 다이달로스를 크레타의 폭군 앞에 내놓지 않을 도리가 없었다.

그는 미노스의 포악한 성격과 그가 몰고 온 함대가 두려웠다.

만약 그 제안을 거절한다면 미노스는 코칼로스와 그의

왕국에 파멸을 가져다줄 게 분명했다.

코칼로스는 다이달로스를 내놓겠다고 약속했다. 그런 다음 미노스를 자신의 궁궐에 초대해 극진히 대접했다.

그때 모든 시칠리아 사람들은 무장을 해야 한다고 주장했다.

그들은 자기들 섬에 사는 다이달로스를 잔인한 왕에게 넘기는 것을 원하지 않았다.

그들은 소리쳤다.

"우리의 보호를 찾아온 사람, 우리에게 이토록 아름다운 것들을 많이 만들어 준 사람을 배신하느니 차라리 목숨을 걸고 싸웁시다!"

코칼로스는 그 분위기에 힘입어, 가장 가까운 참모들을 불러 모아 미노스를 덮칠 여러 가지 궁리를 했다.

마침내 그들은 한 가지 방법을 찾아냈다.

그들은 미노스가 욕조 안에 들어 있을 때 갑자기 들이닥쳐 그의 몸에 끓는 물을 두 솥이나 퍼부었다.

미노스는 끝내 죽고 말았다.

하지만 모든 것은 사고로 처리되어 크레타 군대는 시칠

리아를 공격하지 않았다.

그토록 막강한 힘을 가졌던 크레타 왕치고는 별로 영광스럽지 못한 최후였다.

하지만 우리가 앞의 책에서 보았듯이 미노스는 죽은 뒤에 하데스가 다스리는 어둠의 왕국의 재판관이 되었다.

미노스는 잔인하고 불공정한 인물이었지만, 그래도 그는 제우스의 아들이었다. 인간은 그것이 공정하든 공정하지 못하든 신들의 뜻에 복종하는 법을 배워야만 했다.

미노스가 죽은 뒤 다이달로스는 마침내 아테네로 돌아올 수 있었다.

다이달로스는 아테네에서 죽는 그 순간까지 열심히 일했고 젊은이들에게 진정한 예술에 대해 가르쳤다.

그의 인생이 끝나 갈 무렵에 다이달로스 학교가 생겨났다.

그 학교는 그 뒤로도 수백 년 동안 살아남아 다이달로스의 후손이라 불리는 위대한 예술가들을 많이 길러 냈다.

탄탈로스

탄탈로스

 오늘날 누구든 올림피아에 가서 박물관을 찾게 되면, 한때는 제우스 신전의 두 개 벽을 장식했던 조각들의 위풍당당한 모습에 감탄하며 서 있게 될 것이다.

 동쪽 벽의 조각은 펠롭스와 오이노마오스의 전차 경기를 보여 주고 있다. 서쪽 벽의 조각은 켄타우로스족과 라피테스족의 전투를 그리고 있다.

 단지 그들이 그렇게 훌륭한 예술 작품으로 남아 있기 때문이라면 이 두 가지 신화를 굳이 다시 끄집어 낼 필요가 없을 것이다.

하지만 오이노마오스와 펠롭스의 신화를 이야기하기 앞서 우리는 먼저 펠롭스의 아버지인 탄탈로스 이야기부터 시작해야 할 것이다.

성스러운 토몰로스산 아래에 한때 미다스가 왕이었던 소아시아의 프리기아란 나라가 있다.

그런데 그 당시 이 땅은 제우스의 아들인 탄탈로스가 다스리고 있었다. 탄탈로스는 한 지배자가 꿈꿀 수 있는 모든 것을 다 가지고 있었다. 경작지들은 기름졌고, 풍부한 농산물을 생산했다. 싱싱하게 풀이 자라는 들판에서는 꼬부라진 뿔을 가진 양 떼가 풀을 뜯어 먹고 있었다.

말 등에 탄 기수들은 당당한 모습으로 커다란 소 떼를 다른 목초지들로 몰고 다녔다.

날마다 풍부한 선물들이 탄탈로스의 궁전으로 몰려들었다. 그것은 그가 다스리는 식민지 지도자들이 보내는 공물이었다.

이 모든 부와 함께 탄탈로스는 산으로부터 씻겨 내려온 금을 세상에서 가장 풍부하게 지니고 있는 팍트로스 황금

강을 가지고 있었다. 이것만으로도 충분치 않다는 듯이 탄탈로스는 땅 위의 어떤 사람들보다도 신들과 깊은 우정을 나누었다.

신들은 탄탈로스와 먹고 마시고 즐겁게 놀기 위해 올림포스로부터 그의 황금 궁전으로 자주 왔다. 때로는 신들이 그를 올림포스로 초대해 넥타르와 암브로시아를 대접했다.

제우스는 자신의 수많은 아들 중에서도 탄탈로스를 특히 사랑했다. 그리하여 심지어는 인간의 운명을 결정하는 올림포스 신들의 모임에까지 그를 참석하게 했다.

지나친 자만심

하지만 제우스의 넘치는 사랑과 다른 신들의 호의와 애정은 탄탈로스의 자만심을 한없이 부풀렸다.

탄탈로스는 어느새 자신을 신들보다 뛰어난 자로 여기게 되었다. 신들에 대한 존경심은 점점 더 줄어들었다.

탄탈로스는 올림포스에서 넥타르와 암브로시아를 몰래 가져다 땅 위의 친구들과 나눠 먹기 시작했다.

또한 그는 자신이 얼마나 놀라운 사람인가를 보여 주기 위해 신들의 비밀을 사람들에게 폭로하기도 했다.

제우스는 탄탈로스에게 올림포스 신들과의 우정을 지키고 싶다면 좀 더 조심해야 할 거라고 경고했다.

그러나 탄탈로스는 건방지고 불손한 말투로 대답했다.

"나는 내가 좋을 대로 합니다. 내 힘만으로도 나는 막강한 왕입니다. 누구에게서도 충고 따윈 받고 싶지 않습니다."

제우스는 탄탈로스의 이러한 태도에 이맛살을 찌푸렸

지만 아들을 너무 사랑한 나머지 그런 무례한 행동에 대해서도 벌을 주지 않았다. 그 결과 탄탈로스는 더욱더 기세등등해졌다.

탄탈로스는 신들이 사랑하던 크레타의 황금 개를 몰래 숨겨 놓았다. 그러고는 신들이 그 개를 얼마나 아끼는지 잘 알면서도 그들 앞에서 거짓 맹세까지 하며 아무것도 모른다고 잡아뗐다.

그 순간까지 어떠한 신도 거짓 맹세를 한 적이 없었고, 그런 짓을 한 사람은 누구든 대가를 치러야 했다.

제우스는 아들이 한 짓이라는 걸 알고 불같이 화를 냈다.

하지만 아버지로서의 사랑은 다시 한번 그를 누그러뜨렸다.

탄탈로스는 이번에도 벌을 받지 않았다.

탄탈로스는 제우스가 자신에게 베푼 자비에 대해 감사하기는커녕, 그것을 신이 약해빠졌다는 징조로 받아들였다. 자만심이 하늘 끝까지 올라간 그는 참으로 어이없는 믿음을 가지게 되었다.

상상해 낼 수 있는 가장 나쁜 죄를 저지르고도 아무 벌도 받지 않는다면, 그것이야말로 자신이 가장 강한 존재라는 증거가 된다는 것이었다.

탄탈로스의 머릿속에 이러한 병든 믿음이 깃들기 시작하자 그는 인간이 생각할 수 있는 가장 잔인하고 끔찍한 행동을 찾기 위해 머리를 쥐어짜며 스스로를 들볶았다.

탄탈로스의 고통

그 결과 불행히도 탄탈로스는 머지않아 그 답을 찾게 되었다. 그것은 자신의 아들을 죽여서 요리한 다음 잔치를 열어 신들에게 그 음식을 먹이겠다는 생각이었다.

그의 목적은 두 가지였다.

하나는 신들을 그 자체로 모욕하는 것이었다. 또 하나는 만약 신들이 자신이 먹은 음식이 무엇인지 말할 수 없다면, 올림포스의 신들도 모든 것을 알고 있는 게 아님을 온 세상 사람들에게 드러내자는 것이었다!

탄탈로스는 신들을 자신의 궁궐로 초청했다. 그리고 이 세상의 모든 음식들 중에서 가장 부도덕한 음식을 대접했다.

하지만 신들을 속일 수는 없었다.

그들은 첫눈에 자기들 앞에 놓인 것이 무엇인지 알고 손도 대려 하지 않았다. 이제 신들의 모든 눈이 제우스를 향했다.

신들과 인간들의 왕인 제우스의 표정은 끔찍한 분노로 검게 변했다. 천둥과 번개가 지상을 내리쳤다. 이것은 도저히 벌을 피할 수 없는 너무도 끔찍한 범죄였다.

드디어 제우스는 그토록 사랑했던 아들을 향해 역겨운 얼굴로 소리쳤다.

"당장 하데스가 다스리는 어둠의 왕국으로 꺼져라! 거기서 너는 영원한 고통을 받으리라!"

순식간에 탄탈로스는 수정처럼 깨끗한 물웅덩이 속에서 있었다. 그는 참을 수 없는 갈증이 일어 그 물을 마시려고 했다.

하지만 탄탈로스가 물에 입을 대려고 하면 물은 사라지고 바짝 마른 건조한 땅만 남았다.

하지만 그가 다시 몸을 세우면 즉시 물이 허리까지 찰

랑거렸다.

 탄탈로스는 몇 번이고 목마름을 달래려고 했지만 갈라지고 불타는 입술을 적실 한 방울의 물도 얻을 수 없었다.

 그는 영원히 갈증의 고통에 시달리는 벌을 받은 것이다.

 하지만 그것으로 끝난 게 아니었다.

 탄탈로스의 머리 위로는 달콤한 과일 열매들과 포도송이가 주렁주렁 열린 포도나무 가지들이 매달려 있었다.

 그는 끔찍한 배고픔의 고통으로 속이 찢어지는 것만 같았다.

 탄탈로스는 손을 뻗쳐 열매를 따서 배고픔을 달래려고 했다.

 하지만 그가 손을 뻗치면 포

도 가지는 얼른 위로 쏙 올라가 버렸다. 그것도 감질나게 그의 손끝에서 꼭 한 뼘 정도만 위로 도망가는 것이었다.

탄탈로스는 몇 번이고 배고픔을 달래려고 손을 뻗었지만 매번 헛손질만 했다.

그는 영원히 배고픔의 고통에 시달리는 벌을 받은 것이다.

그리고 이 견디기 힘든 벌들로도 충분치 않은지, 세 번째 벌이 또 있었다.

그것은 거대한 바위가 탄탈로스의 머리 위에서 금방이라도 떨어져 그를 덮칠 것처럼 흔들흔들 매달려 있는 벌이었다.

바위는 언제나 흔들거리며 삐걱거렸다.

탄탈로스는 공포에 사로잡혔다.

하지만 바위는 그의 머리 위로 떨어지는 법은 결코 없었다. 그리하여 탄탈로스는 영원히 공포에 시달리는 벌을 받은 것이다.

다시 살아난 탄탈로스의 아들

 제우스는 그 불쌍한 프리기아의 왕이 자신이 저지른 끔찍한 행동에 대해 벌을 받는 것을 본 다음, 이번에는 헤르메스를 불러 명령을 내렸다.

 탄탈로스 아들의 몸 조각을 식탁에서 다 찾아 모은 다음, 잘 씻어서 원래의 젊은 청년으로 다시 맞추어 오라는 것이었다.

 헤르메스는 아버지의 명령에 따라 그 일을 아주 조심스럽게 기술적으로 해냈다.

 하지만 조각들을 다 맞추어 놓고 보니 어깨 부분 한 조각이 부족했다.

 그것은 데메테르 여신이 딸 페르세포네를 잃은 슬픔에 정신이 나가, 자기 접시에 있는 것이 무엇인지도 생각하지 않고 먹어 버린 탓이었다.

 이번엔 헤파이스토스가 나섰다. 그가 빠진 어깨 부분을 상아로 교묘하게 만들어 넣자 마침내 제우스가 그 몸에 숨결을 불어넣었다. 그렇게 해서 살아난 젊은이가 바로 펠롭스였다. 그는 언제나 어깨에 상아 조각을 달고 있었다.

그런 까닭에 아직도 누군가 몸에 흰 반점이 있으면 펠롭스의 후손이라고 하는 것이다.

펠롭스는 아버지의 왕위를 이어받았지만 오랫동안 다스리지는 못했다. 트로이 왕과의 전투에서 패해 자신의 왕국에서 도망쳐야 했기 때문이다.

그는 이 책에서 나중에 다루게 될 니오베라는 누이를 데리고, 아버지의 황금을 가져갈 수 있을 만큼 챙겨서 길을 떠났다. 몇 명의 충직한 부하들이 그들을 따랐다.

일행은 서쪽의 그리스를 향해 방향을 잡았다. 긴 방황 끝에 그들은 올림피아 근처의 도시인 피사에 다다랐다. 그때 피사는 오이노마오스가 다스리고 있었다.

오이노마오스 왕에게는 '히포다메이아'라는 아름다운 딸이 있었다. 하지만 그는 딸에게 어울리는 남편감을 찾을 수가 없었다.

신탁에 따르면, 자신은 딸이 결혼할 남자한테 죽을 거라고 했기 때문이었다.

이러한 운명을 막아 보기 위해 오이노마오스는 딸과 결

혼하겠다고 손을 내미는 모든 남자들을 죽이리라 결심하고 있었다.

그는 모든 미래의 구혼자들에게 경고했다. 자신과의 이륜전차 경기에서 이길 수 있는 사람에게만 딸을 주겠다고.

지는 사람은 무조건 오이노마오스의 창에 죽을 운명이었다.

펠롭스와 히포다메이아

그 경기는 일방적이었다. 오이노마오스는 언제나 승리를 확신했고 도전자들은 죽음을 확신했다.

왜냐하면 왕의 말은 세찬 북풍보다도 빨랐고, 그는 그리스 전체에서 가장 뛰어난 이륜전차 기수였기 때문이다.

그런데도 히포다메이아의 아름다움에 이끌려 벌써 열세 명의 구혼자가 도전에 응했다. 그들은 피사의 왕에 대항하여 기술을 겨루다 모두 패배하여, 왕의 날카로운 창 끝에 찔려 최후를 맞이했다.

그런데 지금 펠롭스가 오이노마오스에게 대항하기로

마음먹었다. 그 역시 히포다메이아의 매력에 넘어간 것이다.

히포다메이아도 펠롭스를 사랑하게 되었다.

그래서 그녀는 펠롭스가 자신의 이름을 죽은 영웅들의 긴 목록 위에 보태지 않도록 간청했다.

"아버지의 말들은 이 세상에서 가장 빨라요. 또한 그리스 전체에서 아버지와 맞설 만한 기수는 아무도 없어요. 나는 당신이 여길 떠나서 다시는 나를 보지 못하게 되는 게 차라리 나아요. 당신이 나를 위해 목숨을 바쳤다는 것을 아는 쪽보다는……."

펠롭스가 대답했다.

"나는 목숨을 잃지 않을 것이오. 당신의 아버지가 딸을 잃게 되겠지. 나의 말들은 포세이돈이 직접 건네준 선물이라오. 그들 역시 바람처럼 빨라요. 또한 신들은 내 편이니 내가 이기도록 도와줄 것이오."

그래서 펠롭스는 오이노마오스 앞에 나타났다. 그는 공주와 결혼하게 해 달라고 부탁하면서 자신은 이미 전차

경기를 치를 준비가 되어 있다고 말했다.

"좋다. 네가 자신의 젊은 목숨에 아무런 가치를 두지 않는다면 나 역시 그래 주마. 다른 사람들에게 늘 해 왔듯이 너에게도 똑같은 호의를 베풀 것이니, 나는 너보다 한 시간 뒤에 출발할 것이다. 그러나 내 전차가 네 전차를 앞지르면 나는 너를 반드시 죽일 것이다."

이것이 피사의 왕인 오이노마오스의 답변이었다.

하지만 펠롭스에게는 헤르메스가 있었다.

"여기서 그를 죽게 내버려 둘 수야 없지 않습니까? 어떻게 살려 낸 청년인데?"

헤르메스가 묻자 제우스도 고개를 끄덕였다.

제우스의 축복을 받아 낸 헤르메스는 자신의 아들인 미르틸로스를 서둘러 찾았다.

그는 오이노마오스 밑에서 일하는 1등 기수였다.

헤르메스가 말했다.

"잘 들어라, 미르틸로스. 이번에 나는 오이노마오스를 죽게 하고 싶다. 그러니까 너는 네 주인의 전차가 경주 중에 탈이 나도록 만들어 놓아라."

미르틸로스 역시 교활한 꾀라면 아버지에 못지않았기에 무엇을 할지 금세 정했다.

그날 밤, 미르틸로스는 오이노마오스의 전차로 다가가서 바깥쪽 바퀴를 조이는 굴대의 나사를 하나 푼 다음 밀랍으로 만든 다른 나사로 바꿔 끼웠다.

경주는 다음 날 아침 시작하기로 되어 있었다.

그 경주는 올림피아에 있는 제우스 신전에서 출발하여 땅거미가 내려올 무렵에 포세이돈의 신전에 도착하는 코스였다. 그들은 먼저 코린토스의 이스트마스를 향해 동쪽으로 달려갔다.

보통 때처럼 오이노마오스는 자신이 제우스에게 제물을 바치러 갈 동안 도전자가 한 시간 먼저 출발하도록 해주었다.

제의가 치러질 동안 펠롭스는 훨씬 앞질러 나갔다. 제의를 끝낸 뒤 오이노마오스는 전차에 뛰어오르더니 번개처럼 돌진해 나갔다. 펠롭스 역시 빠른 말을 가지고 있었기 때문에 처음에 오이노마오스는 펠롭스의 뒤통수조차 보지 못한 채 몇 시간이고 계속 달려야 했다.

오이노마오스는 불안해지기 시작했다. 그래서 말들을 더 빨리 가게 채찍질했다. 그가 상대방을 쉽게 뛰어넘지 못하고 그렇게 거리가 떨어지게 된 것은 처음 있는 일이었다.

마침내 저 멀리 펠롭스의 전차가 보이기 시작했다.

그 모습은 오이노마오스에게 새로운 자신감을 불어넣어 주었다. 그의 말들은 새로운 힘이 솟은 것처럼 잎으로 달려나갔다.

죽음에 이르는 경주

그들 사이의 간격이 점점 더 좁혀졌다.

펠롭스는 고개를 돌려 무시무시한 오이노마오스가 폭풍처럼 자신을 향해 달려오는 것을 보았다.

절망적인 경주가 시작되었다.

펠롭스의 말들은 무시무시한 적들이 자기들을 향해 쫓아오는 것처럼 천둥처럼 큰 소리를 질러 댔다.

오이노마오스는 거리를 더 좁히려고 긴장했다.

하지만 펠롭스 역시 온 힘을 다 쥐어짜서 말들을 더 빨리 뛰어오르게 했다.

　두 명의 경쟁자는 앞으로 앞으로 달려나갔다. 그들의 심장이 마구 헐떡거렸다.

　이것은 사느냐 죽느냐의 경주였다. 그들은 그 사실을 너무도 잘 알고 있었다.

　오이노마오스는 다시 온 힘을 다해 말들을 사납게 채찍질했다. 그러자 그는 점점 더 우세해졌다.

　펠롭스의 말들은 더 이상 빨리 달릴 수가 없어서 그 차이는 점점 더 좁혀졌다.

　이제 그 무엇도 오이노마오스를 멈추게 할 수 없었다.

　그의 발은 전차 위에서 광포한 리듬을 만들어 내고 있었다.

　그의 손에는 죽음의 창이 들려져 있었다.

　오이노마오스의 얼굴은 이제 승리의 순간, 죽음이 가까워진 순간을 본 것처럼 야만적인 기쁨으로 빛났다.

　경주의 끝 지점인 포세이돈 신전이 저 멀리 아스라이 보였다.

　이제 오이노마오스가 더 앞으로 나아가려 했다.

펠롭스는 선두를 뺏기지 않으려고 싸웠다. 그의 말들은 젖 먹던 힘까지 다 짜내고 있었다.

펠롭스는 큰 소리로 외쳤다.

"오, 신이여! 어째서 지금 저를 버리십니까. 제 아버지의 천벌 속에서도 저를 구해 주신 분들이 아니십니까!"

하지만 신들은 정말로 그를 잊은 것처럼 보였다.

밀랍으로 된 나사는 아직도 쇠처럼 단단히 소여서 있었다.

오이노마오스는 태풍처럼 앞으로 나갈 수 있었다. 그의 전차는 거친 망아지들처럼 달려갔다.

마침내 오이노마오스가 기다려 온 순간이 왔다.

그는 머리카락이 치솟을 듯한 비명을 내지르며, 팔을 구부려 죽음의 창을 펠롭스의 등을 향해 던졌다.

그때였다. 갑자기 오이노마오스의 전차 오른쪽 바퀴가 허공으로 빠져나갔다. 왕실의 전차가 뒤집혔다.

오이노마오스는 돌 위에 거꾸로 처박힌 채 끔찍한 죽음을 맞이했다. 그것이 피에 굶주린 피사 왕의 최후였으며 또한 그 경주의 끝이었다.

미르틸로스 덕분에 펠롭스는 승리자가 되어 사랑스러운 히포다메이아와 결혼하고 오이노마오스 왕국의 지배자가 되었다.

미르틸로스를 속이는 펠롭스

하지만 여러분도 잘 알다시피 신화 속에는 행복한 결말이 거의 없다.

　신화는 "그래서 그들은 행복하게 영원히 잘 살았답니다."로 끝나는 동화가 아니었다. 그리고 펠롭스의 이야기 역시 그 법칙에서 예외가 아니었다.

　펠롭스는 헤르메스가 자신을 구한 것을 알게 되었다. 그래서 그는 헤르메스의 이름을 기리며 신전을 세웠다. 이 세상에서 헤르메스의 이름으로 지어진 첫 번째 신전이었다.

그는 또한 미르틸로스를 불러서 물었다.

"무엇이든 원하는 것을 말해 보라. 내가 그것을 그대에게 주겠노라."

펠롭스는 미르틸로스가 무엇을 요구할지 생각도 해 보지 않고 그렇게 말했다.

하지만 헤르메스의 아들에게서 나온 답변은 반갑지 않은 것이었다.

미르틸로스는 더도 덜도 말고, 펠롭스의 새로운 왕국의 반을 달라고 했다.

그것은 너무나도 부담스럽고 괴로운 제안이었다. 펠롭스는 밤새도록 깊이 생각했다.

아침이 되자 펠롭스는 미르틸로스를 찾아가서 그를 데리고 시골로 나갔다. 미르틸로스에게 떼어 줄 왕국의 몫을 재러 나가자는 핑계였다.

하지만 펠롭스는 그를 높은 절벽 끝으로 데리고 가서 갑자기 밀어 거품이 이는 아래쪽 바닷속으로 떨어뜨려 버렸다.

미르틸로스는 죽는 순간에 펠롭스와 그의 후손들에게

저주를 퍼부었다.

펠롭스는 헤르메스에게 자신을 악의 주문으로부터 보호해 달라고 간청했다.

헤르메스는 이전에 두 번이나 그를 구해 줬지만 이번에는 펠롭스의 간청을 들은 척도 하지 않았다.

펠롭스는 단지 헤르메스의 아들을 죽인 것만이 아니라 생명의 은인을 죽인 것이었다.

미르틸로스의 저주는 이루어져서 더러운 죄를 지은 펠롭스는 신들에게 무서운 벌을 받아야 했다.

하지만 이 모든 죄에도 불구하고 그의 이름은 잊혀지지 않았다. 펠롭스가 다스리던 땅에는 그의 이름이 붙여져서, 그 뒤로 그곳은 펠로폰네소스로 알려졌다.

라피테스족과 켄타우로스족

이것은 올림피아에 있는 제우스 신전의 동쪽 벽 대리석에 새겨져 있는 비극적인 이야기이다.

이번에는 서쪽 벽 대리석에 새겨져 있는 라피테스족과 켄타우로스족의 이야기이다.

라피테스족은 테살리아에 사는 민족이었다.

그들의 왕들 중 하나가 익시온이었다. 그에 대해서는 앞의 책에서 얘기한 적이 있다. 우리는 또한 거기서 어떻게 켄타우로스족이 처음 태어났는지도 알았다.

대부분의 사람들은 켄타우로스족이 익시온과 네펠레의 후손이라고 말한다.

켄타우로스족은 이상한 생물이었다. 반은 말이고 반은 인간이었다. 지혜롭고 불멸의 존재인 케이론 같은 몇 명을 빼고는 거의가 거칠고 사나웠다.

많은 신화적 인물들이 케이론에게 배우기 위해 그를 찾아왔다. 심지어 신들까지도 그랬다. 아스클레피오스는 케이론 옆에서 의술을 배웠다.

켄타우로스족은 라피테스족의 이웃이었다. 그들은 페리온산에서 살았는데, 이 이야기가 있기 전까지는 그들 사이에 싸움은 없었다.

라피테스족의 왕은 당시 영웅 페이리토오스였다.

페이리토오스는 사랑스러운 데이다메이아를 신부로 맞아 결혼식을 했다. 그래서 그는 큰 잔치를 베풀고, 그리스 방방곡곡에서 영웅들을 초대했다.

그는 켄타우로스족도 라피테스 왕의 후손이어서 그들 역시 축하 잔치에 초대했다. 그리하여 켄타우로스족의 지도자인 에우리티온을 따라 궁궐 근처에 있는 동굴에서 그들에게 잔치를 베풀었다. 페이리토오스의 시종들은 동굴에 탁자들을 갖다 놓고 많은 음식과 강한 술이 담긴 커다란 병들을 올려놓았다.

하지만 켄타우로스족은 그 술을 물과 섞어 마셔야 한다는 것을 알지 못하고 그대로 마셔 버리는 바람에 금세 곤

드레만드레 취해 버렸다.

에우리티온은 술에 취하자 참을 수 없는 충동에 사로잡혔다.

그는 발굽으로 달려서 동굴을 빠져나가 만찬이 열리고 있는 궁궐 안으로 뛰어들어갔다.

거기서 에우리티온은 페이리토오스의 사랑스러운 신부를 붙잡으려고 했다.

켄타우로스들과의 싸움

아내와 자신을 모욕한 것에 분노하여 얼굴이 흙빛이 된 페이리토오스는 칼을 빼 들어 에우리티온에게 던졌다.

다른 손님들도 그에 합세하여 에우리티온은 얼굴에 피를 흘리며 도망쳐 동굴로 돌아갔다.

에우리티온이 소리쳤다.

"페이리토오스가 내게 한 짓을 보라! 자, 모두들 궁궐로 가서 그들의 아내들을 끌고 가자!"

그러자 술에 취한 켄타우로스족은 궁궐로 달려가 라피테스족의 여자들에게 덤벼들었다. 라피테스족이 칼을 다

시 빼 들면서 야만적인 전쟁이 시작되었다.

켄타우로스족은 의자들과 탁자, 깨진 식탁 다리 등등 궁궐에 있는 물건들 중에서 손에 잡히는 대로 휘둘렀다.

궁궐 안에는 곧 그들이 싸우는 끔찍하고 시끄러운 소리가 울려 퍼졌다.

라피테스족은 자신들의 여자들을 위대한 영웅심으로 지켰다.

하지만 그 와중에도 켄타우로스족 중 몇몇은 간신히 라피테스의 소녀들을 납치해서 도망쳤다. 그걸 보고 다른 켄타우로스들이 쫓아서 달려갔다.

그들을 쫓아 페이리토오스가 달려 나갔다. 농부들과 다른 영웅들이 그의 뒤를 쫓았다.

그리하여 전쟁은 바깥으로 번져 나가 전처럼 사납게 다시 시작되었다.

켄타우로스족은 자신들의 거대한 힘을 커다란 돌을 들어 영웅들에게 던지고 나무 곤봉을 가지고 그들을 때리는 데 썼다.

하지만 아슬아슬한 순간에 페이리토오스의 좋은 친구이며 아테네에서 가장 힘이 센 영웅 테세우스가 라피테스족을 도우러 나타났다.

에우리티온이 맨 처음에 그의 주먹 앞에 쓰러졌다.

이걸 보자 라피테스족은 용기를 얻어 테세우스의 지시 아래 새로운 힘으로 켄타우로스족을 공격했다.

치열한 전쟁이 끝나 갈 무렵, 몇 명의 켄타우로스들만이 간신히 산꼭대기로 도망쳐 올라갔다.

하지만 그들은 오래 살아남을 수 없었다.

며칠 뒤에 그들은 모두 헤라클레스가 쏜 죽음의 화살을

맞았다. 헤라클레스는 켄타우로스족이 그렇게 죽이려고 애썼던 사람이었다. 그리하여 숲과 산들은 거칠고 야만적인 켄타우로스족으로부터 벗어날 수 있게 되었다.

케이론까지도 도망치지 못했다. 헤라클레스는 그를 해치지 않으려고 애썼다.

하지만 케이론은 길 잃은 화살에 치명적인 상처를 입었다. 불사의 몸인 지혜로운 케이론은 비록 죽지는 않았지만 여러 해 동안 죽음과도 같은 고통에 시달려야 했다.

마침내 케이론은 더 이상 참지 못하고, 제우스에게 영원한 고통에서 해방되도록 죽게 해 달라고 간청했다.

에우로페

에우로페와 카드모스

 힘센 제우스 신이 하늘과 땅의 통치자였던 아주 먼 옛날, 동쪽의 '시돈'이라는 나라에서는 '아게노르'라는 왕이 나라를 다스리고 있었다.

 아게노르는 바다의 신 포세이돈의 아들이었다.

 아게노르에게는 포이닉스, 킬릭스, 카드모스라는 세 아들과 '에우로페'라는 딸이 있었다.

 에우로페 공주는 너무나 예뻐서 아프로디테 여신까지도 그녀의 아름다움을 부러워할 정도였다.

어느 날 밤, 에우로페는 두 여자가 자기를 차지하려고 심하게 싸우는 꿈을 꾸었다.

한 여자의 이름은 동쪽이었고 다른 여자의 이름은 서쪽이었다.

만약 동쪽이 이기면 에우로페는 자기 고향에서 가족들과 함께 살 수 있었다.

반대로 서쪽이 이기면 에우로페는 그 여자와 함께 푸른 바다를 건너, 매일 저녁 태양이 찬란한 석양을 빛내며 넘어가는 곳으로 떠나게 되어 있었다.

결과는 서쪽의 승리였다.

그래서 동쪽은 슬픔을 억누르면서 자기 땅이 낳아서 길렀고 그 눈부신 아름다움이 아시아의 자랑거리였던 에우로페에게 작별 인사를 했다.

잠에서 깬 에우로페는 너무 무서워서 어쩔 줄을 몰랐다.

자기가 태어난 땅과 사랑하는 부모님 곁을 떠난다는 것은 생각할 수도 없는 일이었기 때문이다.

에우로페는 무릎을 꿇고 여러 신들, 특히 제우스 신에

게 자신이 살고 있는 고향과 사랑하는 사람들 곁을 떠나지 않게 도와달라고 빌었다.

그러나 제우스는 에우로페를 위해 다른 계획을 세우고 있었다. 꿈의 신 오네이로스를 시켜 에우로페가 잠을 설치게끔 한 것은 바로 제우스였다.

제우스는 에우로페가 먼저 나서서 서쪽으로 가기를 바랐다.

그런데 에우로페가 집을 떠난다는 생각에 몸서리치는 것을 보고 제우스는 기분이 상했다.

어쨌든 제우스는 이 아름다운 공주를 그리스로 데려다가 아내로 삼겠다는 생각을 가지고 있었다. 그리고 그가 원하는 것은 무엇이든 이루어질 수밖에 없었다.

꿈의 신 오네이로스가 그를 실망시켰으므로 제우스는 아무것도 모르고 있는 에우로페를 납치해 간다는 비밀 계획을 세웠다.

어느 화창한 봄날, 에우로페와 그녀의 친구들은 꽃을 꺾기 위해 바구니를 들고 야외로 나가서 시골의 아름다운 경치를 즐기고 있었다.

그들은 기쁨에 넘쳐 춤추고 뛰어다니면서 꽃들이 활짝 피어 있는 초원에 이르렀다. 곧 초원은 그들의 즐거운 고함 소리와 노랫소리로 가득 찼다.

눈앞에 끝없이 펼쳐진 잔잔한 바다는 그들을 손짓해 부르고 있었다.

근처의 푸른 초원에서는 에우로페의 아버지 아게노르 왕이 기르는 가축 떼들이 유유히 풀을 뜯고 있었다.

에우로페는 종달새처럼 행복하게 이 꽃에서 저 꽃으로 뛰어다니며 친구들과 함께 웃고 떠들며 놀았다.

에우로페는 멋진 빨간 드레스를 입고 있었다. 그녀의 얼굴은 아름다운 경치를 사랑하는 친구들과 즐기는 기쁨으로 발갛게 달아올라 있었다.

부드러운 바람이 에우로페의 찰랑거리는 머리칼을 쓰다듬어 주었다.

황금빛 햇살이 에우로페를 환하게 비추어 주어 그녀의 예쁜 얼굴은 더욱 아름답게 보였다.

에우로페와 친구들이 이렇듯 즐겁게 놀고 있을 때, 멋지게 생긴 하얀 황소 한 마리가 아게노르 왕의 목장에서 어슬렁어슬렁 걸어오더니 천천히 에우로페를 향해 다가갔다.

에우로페는 마치 자신을 찬미하듯 커다란 눈으로 바라보고 있는 멋진 황소에게 이끌렸다.

그러는 동안 황소는 같이 놀 친구를 찾는 듯한 장난스러운 몸짓을 하며 에우로페 곁으로 천천히 다가왔다.

그 황소는 놀랄 만큼 아름다웠다.

가죽은 황소에서는 보기 드문 눈처럼 하얀 색깔이었다. 그 하얀 가죽이 황소의 위엄을 더해 주고 있었다.

이마에는 검은 줄이 있어 하얀 머리와 훌륭한 조화를 이루었다. 또한 비스듬히 솟은 두 개의 뿔은 마치 보석으로 이루어진 두 개의 반달처럼 빛나고 있었다.

황소가 내뿜는 숨에서는 암브로시아(신들이 먹는, 불로장생할 수 있다는 음식)의 향긋한 냄새가 풍겼다.

에우로페의 관심을 끈 것은 황소의 아름다움과 고상한 외모뿐만이 아니었다.

황소는 에우로페를 아주 다정하게 대했다.

황소가 너무나 점잖고 순해 보였으므로 에우로페는 황

소에게 다가가서 굵은 목을 부드럽게 쓰다듬었다.

에우로페는 친구들을 소리쳐 불렀다. 그들도 황소를 보고 그 아름다운 모습에 감탄했다.

신들의 가축들 가운데서도 이렇게 아름다운 황소를 찾을 수는 없을 것 같았다.

에우로페와 황소는 곧 친한 친구가 되었다.

점잖은 황소는 아름다운 공주에게 상처를 입히지 않으려고 무척 조심하면서 그녀와 한참 놀았다.

이윽고 황소는 무릎을 꿇고 에우로페에게 자기 등에 타라는 몸짓을 했다.

에우로페는 망설이지 않고 황소의 넓고 부드러운 등에 올라탔다. 에우로페를 태운 황소는 기뻐하면서 다시 놀기 시작했다.

황소는 웃고 떠드는 에우로페의 친구들 사이를 이리저리 왔다 갔다 했다.

황소는 장난스럽고 가벼운 걸음걸이로 바다로 향했고

에우로페는 친구들에게 손을 흔들었다.

그러자 친구들도 웃으며 그녀에게 작별 인사를 하는 몸짓을 해 보였다.

하지만 웃으면서 장난으로 한 이 작별 인사가 곧 진짜 작별 인사가 되어 버렸다.

잠시 뒤에 황소는 발걸음을 빨리했고 에우로페의 친구들로부터 멀어졌다.

에우로페는 걱정이 되어 황소 등에서 내리려고 했지만 그럴 수가 없었다. 황소가 껑충껑충 뛰기 시작했기 때문이었다.

잠시 뒤 황소는 바닷속으로 들어갔다. 공포에 질린 에우로페는 황소의 두 뿔을 꽉 잡고, 있는 힘을 다해 도와달라고 소리쳤다.

그러나 이미 때는 너무 늦어 버렸다.

황소는 빠른 속도로 그리고 아주 부드럽게 헤엄을 치며 해안에서 점점 더 멀어지고 있었다.

황소는 에우로페를 등에 태우고도 아주 능숙하게 바다를 헤엄쳐 갔다. 황소는 바로 제우스 신이었기 때문이다.

제우스는 아게노르의 아름다운 딸을 속여서 그녀를 해가 지는 땅으로 데려오기 위해 황소로 변신했던 것이다.

에우로페를 등에 업은 제우스는 위풍당당하게 서쪽 나라로 향했다.

제우스의 동생인 바다의 신 포세이돈이 파도 위에 요술 삼지창을 던져 바다가 잔잔해지도록 했기 때문에 에우로페의 드레스 가장자리조차 물에 젖지 않을 정도였다.

포세이돈은 아내 암피트리테와 함께 네 마리의 바다 말이 끄는 황금 마차에 올라탔다.

그러고는 황소로 변해 등에 에우로페를 태우고 있는 제우스를 뒤따랐다.

그 뒤로는 바다의 요정인 네레이스들이 따랐고 양쪽에는 돌고래들이 기뻐서 이리저리 날뛰며 헤엄쳤다. 머리 위에서는 바닷새들이 날아다녔다.

행렬의 맨 앞에서는 포세이돈의 젊은 아들 트리톤이 헤엄치면서 커다란 고둥 나팔을 불어, 아게노르의 딸이 서쪽 나라에 왔다는 소식을 알렸다.

그러나 가련한 처녀 에우로페는 이 모든 것이 무엇을

뜻하는지도 모른 채 겁에 질려 황소의 등에 착 달라붙어 있었다.

에우로페는 떠나온 고향과 사랑하는 사람들을 생각하며 그들을 과연 다시 만날 수 있을까 하고 걱정했다.

이렇게 해서 그들은 크레타섬에 도착했다.

크레타섬에 도착한 에우로페

그날 이후로 크레타섬과 그리스 그리고 대서양까지의 서쪽 대륙 전체는 그녀의 의지와는 상관없이 동쪽에서 온 아름다운 처녀 에우로페(유럽)의 이름을 갖게 되었다.

계절의 여신들은 크레타섬의 산속 깊은 곳에 숨겨져 있는 딕테 동굴에다 제우스가 사랑하는 여인을 위한 신방을 차렸다.

미의 세 여신 카리테스는 에우로페에게 향수를 뿌리고 그녀의 부드러운 머리를 빗어, 이 세상의 어떤 여자도 그녀와 아름다움을 다툴 수 없게 만들었다.

모든 준비가 끝나자 이번에는 독수리로 변신한 제우스가 마침내 에우로페의 잠자리로 날아들었다.

　제우스와 에우로페 사이에는 세 명의 아들이 태어났다.
　크레타섬의 전설적인 통치자 미노스, 현명한 입법자 라다만티스, 리키아(고대 소아시아의 한 지방)의 첫 번째 왕 사르페돈이 그 주인공이다.
　제우스는 에우로페에게 값진 선물을 많이 주었다. 그 가운데에는 사냥감을 절대로 놓치지 않는 사냥개도 있었고, 표적을 백발백중 맞히는 황금 활과 요술 화살들도 있었다.

그러나 제우스는 에우로페가 크레타섬을 떠나거나, 그녀의 아버지인 아게노르가 그녀를 찾아내서 다시 동쪽 나라로 데려갈까 봐 늘 두려워했다.

제우스는 에우로페가 떠나는 것을 막기 위해 무서운 거인 탈로스를 크레타섬으로 보내 그곳을 감시하도록 했다.

불멸의 거인 탈로스

탈로스는 보통 거인이 아니었다. 그에게는 어머니도 아버지도 없었다.

탈로스는 신들 가운데 가장 뛰어난 장인인 헤파이스토스의 작품이었다.

헤파이스토스가 청동으로 탈로스를 만든 다음 그의 몸 안에 생명과 무서운 힘을 불어넣었던 것이다.

탈로스는 천하무적의 거인이었다. 화살도 창도 칼도 청동으로 된 그의 옆구리를 꿰뚫을 수 없었다.

그리고 탈로스는 천하무적일 뿐만 아니라 불멸의 존재였다.

탈로스에게 영원한 생명을 주는 마법의 피가 청동 핏줄

을 통해 그의 몸에서 돌고 있었기 때문이다.

헤파이스토스는 탈로스의 오른발에 황금 마개를 박아 그의 몸 안에 마법의 피를 가두었다.

탈로스는 밤낮으로 크레타섬을 지켰다. 그는 섬 안을 구석구석 돌아다니며 눈을 부릅뜨고 감시했다.

탈로스가 지나갈 때면 그의 무거운 발걸음 때문에 주변 일대가 마구 흔들렸다.

외국에서 오는 어떤 배도 크레타섬에 다가오지 못했다. 그 무서운 거인이 커다란 바위를 던져 순식간에 배를 침몰시킬까 봐 두려웠기 때문이다.

탈로스는 무서운 힘으로 제우스가 사랑하는 아름다운 에우로페뿐만 아니라 크레타섬 전체를 지켰다.

그래서 어떤 정복자도 감히 부유한 크레타섬에 발을 들여놓을 생각조차 하지 못했다.

탈로스는 물론 고대 그리스 사람들이 상상력으로 만들어 낸 거인이었다. 그렇지만 이 신화에는 다른 많은 신화들처럼 약간의 진실이 담겨 있다.

그것은 그 시대에 크레타섬에 살고 있던 사람들은 어떤

침략자도 두려워하지 않았다는 사실이다.

이 섬나라는 매우 부강해서 섬 안에 있던 도시들은 스스로를 지키기 위한 성벽이나 요새를 가지고 있지 않았다.

신화에서는 무서운 거인 탈로스가 크레타섬을 지켰다고 하지만, 실제로 이 섬을 지킨 것은 탈로스 못지않게 인상적인 거인이었다.

그 거인은 곧 크레타섬 사람들과 그들의 강력한 함대였다. 세월이 흐르면서 크레타섬의 세력은 약해지기 시작했고 그래서 이 신화가 생겨난 것이다.

탈로스를 죽인 것은 아르고나우스테스들이었다고 전해진다.

그들은 이아손과 함께 아르고선을 타고 황금 양털을 구하러 원정을 떠난 선원 약 50명이었다.

선원들 전체가 죽였다기보다는 그들의 지도자 이아손이 그의 아내 메데이아의 도움을 받아서 탈로스를 죽였다고 보아야 할 것이다.

메데이아가 포도주로 탈로스를 취하게 했고, 이아손이

그 거인의 마법의 피를 가두고 있던 황금 마개를 뽑아 버렸던 것이다.

피가 콸콸 쏟아져 나오자 탈로스는 생명이 없는 청동상으로 변해 버렸다.

그 뒤로 탈로스 동상을 보는 사람들은 누구나 잃어버린 크레타섬의 영광을 되새기면서 입을 다물었다.

하지만 에우로페의 신화는 여기서 끝나지 않는다.

딸이 납치되었다는 것을 안 아게노르 왕은 슬퍼서 거의 정신을 잃을 지경이었다.

아게노르는 딸을 되찾기 위해 자기가 할 수 있는 일은 다 하기로 결심했다.

에우로페를 찾아 나선 아게노르의 세 아들

아게노르는 세 아들인 포이닉스, 킬릭스, 카드모스를 불러 놓고 이렇게 말했다.

"내 말을 잘 들어라. 내 사랑하는 딸, 에우로페를 잃은 슬픔으로 가슴이 터질 것 같다. 그 애를 다시 찾아와야 마음이 안정될 것 같구나.

너희들은 젊고 강하다. 그러니 가서 곳곳을 찾아보아라. 에우로페를 찾을 때까지 세상 구석구석을 뒤져라. 반드시 그 애를 나에게 데려와야 한다.

만약 에우로페를 찾지 못하면 아예 돌아오지도 말아라. 너희들이 빈손으로 돌아온다면 기필코 그렇게 한 걸 후회하도록 만들어 주겠다."

그리하여 아게노르의 세 아들은 가장 충실한 부하들을 데리고 에우로페를 찾아 나섰다.

그들은 제각기 다른 길을 택했다.

포이닉스는 남쪽으로 떠났다. 그러나 사방을 찾아 헤맸지만 아무런 소득이 없었다.

그래서 포이닉스는 희망을 잃고 누이동생을 찾으려는

노력을 포기하고 말았다.

에우로페를 찾지 못한 채 아버지에게 돌아가기가 두려웠던 그는 정처 없이 떠돌다가 머물게 된 곳에 자리를 잡고 그 나라를 다스렸다.

그 뒤로 그 지역은 '페니키아'라고 불리게 되었다.

북쪽으로 방향을 잡은 킬릭스의 운명 또한 마찬가지였다.

킬릭스도 자기가 머물게 된 곳에 자리를 잡고 그 나라의 왕이 되었다.

그 뒤로 그 지역은 '킬리키아'라고 불리게 되었다.

아게노르의 막내아들인 카드모스는 두 형과는 달랐다. 그에게 아버지의 명령은 신성한 명령이었다.

카드모스에게는 보통 사람에게는 없는 힘과 용기가 있었다.

그리고 그는 누이동생을 찾아 가족들과 다시 만나기 위해서라면 어떤 불가능한 일에도 도전해 보리라는 굳은 결의를 지니고 있었다.

하지만 제우스가 에우로페를 숨겨 두고 있으며 따라서 자신의 모든 노력은 결국 실패할 운명이라는 것을 그가 어떻게 알 수 있었겠는가.

카드모스와 그의 충실한 부하들은 에우로페를 찾기 위해 배를 타고 서쪽으로 출발했다.

그들은 며칠 동안 항해한 끝에 마침내 멀리 크레타섬의 산들이 보이는 곳에 이르렀다.

카드모스가 말했다.

"저 섬에 내려서 에우로페를 찾아봐야겠다."

하지만 선장이 그를 말렸다.

"저 섬에는 가까이 갈 수조차 없습니다. 무서운 거인이 밤낮으로 섬을 지키고 있거든요. 그 거인은 외국 배를 발견하기만 하면 바로 산의 한 귀퉁이를 떼어 던져서 배를 산산조각 내고 만답니다.

따라서 저는 에우로페 공주님이 저 섬에 상륙할 수 있었으리라고는 생각하지 않습니다. 우리가 수색을 시작할 곳은 저 섬이 아닙니다."

그래서 카드모스는 에우로페가 숨겨져 있는 크레타섬을 그냥 지나치고 말았다.

그들은 항해를 계속한 끝에 그리스에 상륙했다.

그리스에 상륙한 카드모스는 이 도시 저 도시를 돌아다니며 에우로페가 있는 곳을 수소문했다.

하지만 누이동생이 있는 곳을 아는 사람은 한 명도 없었다.

그러던 중 어떤 사람이 카드모스에게 이런 말을 해 주었다.

"점쟁이 피티아만이 당신에게 에우로페가 숨겨져 있는 곳을 알려 줄 수 있습니다. 델포이에 있는 아폴론 신전으로 가세요. 거기서도 알아 내지 못한다면 당신은 누이동생을 영영 만나지 못할 것으로 알고 단념해야 할 것입니다."

피티아를 만난 카드모스

며칠 뒤 카드모스는 델포이에 도착해서 피티아를 만났다. 그리고 그녀에게 어디로 가서 어떻게 해야만 에우로

페를 찾을 수 있겠느냐고 물었다.

피티아는 그에게 다음과 같은 신탁(신이 사람을 매개자로 하여 그의 뜻을 나타내거나 사람의 물음에 대답하는 일)을 전했다.

"아게노르의 아들이여, 에우로페를 찾으려는 헛된 노력을 포기하라. 어디서도 그녀를 찾지 못할 것이기 때문이다. 하지만 아침이 되어 장밋빛 손가락을 가진 새벽의 여신이 하늘에 나타나는 즉시, 펠라곤 왕의 가축 떼를 찾아라.

당신은 그 가축 떼 가운데서 양쪽 옆구리에 달이 그려진 암소를 발견하게 될 것이다. 그 소를 당신의 안내자로 삼아라. 그 소가 지쳐서 땅에 쓰러지거든 땅의 여신에게 제물로 바치고 그 피를 당신의 새로운 고향 땅에 뿌려라.

그곳에 당신은 튼튼한 요새를 세우고 그 이름을 '카드메이아'라고 부르게 되리라. 그 요새 밑에 넓은 거리를 가진 도시를 세울 것이고, 그 도시 이름을 '테베'라고 부르게 되리라."

이 말을 들은 카드모스는 에우로페를 찾지 못하는 것이 신들의 뜻임을 깨달았다.

이튿날 새벽, 카드모스는 피티아가 말해 준 대로 양쪽 옆구리에 달이 그려진 암소를 찾으러 떠났다.

카드모스가 펠라곤 왕의 가축 떼를 찾는 데는 오랜 시간이 걸리지 않았다. 그 소들 가운데 정말로 양 옆구리에 달 모양의 무늬가 있는 암소 한 마리가 있었다.

그 소는 자기가 할 일을 알고 있는 것처럼 어디론가 가기 시작했고 카드모스는 그 뒤를 따랐다.

동쪽으로 방향을 잡은 암소는 한 번도 쉬지 않고 포키

스 지방을 가로지른 다음 보이오티아 지방으로 들어서더니 마침내 기진맥진해서 풀 위에 주저앉았다.

그러자 카드모스는 예언을 내려 준 아폴론 신에게 감사드리고 새로운 고향이 될 땅에 입을 맞추었다.

카드모스는 부하들과 함께 제단을 만들고 그 신성한 소를 땅의 여신에게 제물로 바쳤다.

그러나 그곳에는 제사에 쓸 물이 없었다. 카드보스는 부하들을 보내 물을 찾도록 했다.

부하들은 어느 동굴 안에 있는 샘을 찾았고 그들이 가지고 간 병들에 물을 채우기 시작했다.

그런데 갑자기 바위 틈에서 커다랗고 무시무시한 용이 달려 나오더니 흉측한 머리를 부하들이 있는 한가운데로 들이밀고는 그들을 죽여 버렸다.

부하들이 돌아오지 않자 카드모스는 그들을 찾아 나섰다.

그는 동굴에 이르렀고 거기서 죽어 있는 부하들을 발견했다.

용과 싸우다

그 순간 피를 얼어붙게 하는 쉭 하는 소리가 들려왔다. 휙 돌아선 카드모스는 무시무시한 용이 머리를 들어 올리고 자신을 공격하려고 다가오는 것을 보았다.

카드모스는 재빨리 커다란 바위를 집어 용을 향해 던졌다.

하지만 용의 비늘은 바위보다 더 단단했기 때문에 아무런 상처도 입지 않았다. 그러나 용감한 카드모스는 조금

도 용기를 잃지 않았다. 그는 창을 집어 들고 용의 비늘 사이를 찔렀다. 창은 용의 척추까지 파고 들어갔다.

그러자 엄청난 일이 벌어졌다.

거대한 용이 고통으로 몸부림치면서 바위에 몸을 부딪쳤다. 그러자 바위는 산산이 부서져서 사방으로 흩어졌다.

용이 꼬리로 나무들을 후려치자 나무들이 마른 나뭇가지처럼 부러졌다.

카드모스는 이리 뛰고 저리 뛰면서 용을 피했다.

그러다가 기회를 보아 있는 힘을 다해 몸부림치는 용의 목에 칼을 찔러 커다란 참나무에 꽂아 버렸다.

참나무는 엄청나게 굵고 키가 컸지만, 용이 마지막 남은 힘을 쓰며 몸부림치자 뿌리가 뽑혀 땅에 쓰러지고 말았다.

하지만 카드모스는 재빨리 피해서 아무런 상처도 입지 않았다.

갑자기 사방이 온통 조용해졌다. 마침내 그 무서운 용이 죽은 것이었다.

용감한 카드모스는 자기 눈을 의심했다.

자기가 그 무서운 괴물을 죽였다는 사실이 믿어지지 않았던 것이다.

그 자리에 서서 한참 동안 죽은 용을 바라보던 카드모스는 다시 정신을 차렸다. 그러고는 물을 떠 가지고 제단을 차린 곳으로 돌아와서 아폴론 신에게 제물을 바쳤다.

제물을 바치고 난 카드모스는 하늘을 향해 두 팔을 들어올리고 소리쳤다.

"자세히는 모르지만 분명히 어떤 신이 저에게 힘을 빌려 주신 덕분에 그 괴물을 죽일 수 있었습니다. 신의 도움이 없이는 어떤 사람도 그런 일을 해낼 수 없기 때문입니다. 제게 도움을 준 신에게 진심으로 감사드립니다."

카드모스와 아테나

카드모스가 이 말을 끝내자마자 지혜의 여신 아테나가 그의 앞에 나타났다.

푸른 눈을 가진 아테나 여신이 카드모스에게 말했다.

"신들은 스스로 돕는 자를 돕는단다. 괴물을 죽인 공은

너 혼자만의 것이다. 다만 한 가지 알아 둘 게 있다. 그 용은 전쟁의 신인 아레스의 아들이다. 언젠가 그는 자기 아들을 죽인 것에 대한 앙갚음을 할 것이다. 그 용을 죽인 것은 정당한 행동이었지만 말이다.

그러니 내 말을 잘 들어라. 얼른 가서 용의 이빨을 모두 뽑아라. 그리고 그것들을 땅에 뿌려라. 그 이유는 묻지 말고 내가 시키는 대로 빨리 해라."

이 말을 하고 아테나는 사라졌다.

카드모스는 자기가 왜 그런 이상한 일을 해야 하는지 도무지 알 수 없었다.

그러나 그는 여신이 시킨 대로 했다.

카드모스가 용의 이빨을 땅에 뿌리자마자 반짝이는 이상한 싹이 땅에서 돋아나기 시작했다.

땅에서 돋아난 그 싹은 전쟁에 쓰이는 창의 끝이라는 것을 곧 알 수 있었다.

얼마 뒤 창 옆에 투구 꼭대기가 돋아났고 이어 전사들의 머리가 나타났다.

마침내 완전무장을 한 전사들이 땅속에서 솟아났다. 그들은 방패를 들고 있었고 허리에는 칼을 차고 있었다.

스파르토이

카드모스는 눈앞에 새로운 적들이 나타나자 재빨리 칼을 뽑으려고 했다.

그러나 그의 손이 칼집에 이르기도 전에 전사들 가운데 하나가 소리쳤다.

"아게노르의 아들이여, 칼을 뽑지 마시오. 다른 사람들이 당신을 위해 싸울 것이오."

이 말과 함께 땅에서 솟아난 전사들 사이에 무서운 싸움이 벌어졌다. 칼과 창이 격렬하게 서로 부딪쳤다.

그리고 전사들은 하나씩 하나씩 그들이 방금 솟아난 바로 그 땅 위에 쓰러져 죽었다.

다섯 사람만이 이 무서운 싸움에서 살아남았다. 그들은

땅에서 솟아난 전사들 가운데서 가장 용감했다.

그들은 카드모스 앞에 무릎을 꿇고 우정의 표시로 두 손을 내민 채 그에게 영원히 충성을 바칠 것을 맹세했다.

이들이 바로 스파르토이였다. 스파르토이는 그리스어로 '씨 뿌려 나온 남자들'이란 뜻이다.

카드모스가 심은 용의 이빨에서 솟아났기 때문에 그들은 이런 이름을 갖게 된 것이다.

스파르토이의 도움으로 아게노르의 아들 카드모스는 카드메이아 요새를 지었고 그 아래에 테베를 건설했다.

카드모스는 현명하고 인기 있는 왕이 되었다.

카드모스는 백성들에게 미술을 사랑하도록 가르쳤고 최초의 글자를 만들어 주었다. 그가 만든 글자를 사람들은 '카드메안'이라고 불렀다.

카드모스는 자신의 왕국을 잘 다스렸다. 공정한 법을 만들었고 평화롭게 나라를 이끌었다. 그는 전쟁을 일으켜 다른 나라를 정복하지도 않았다.

이런 평화는 용의 이빨로부터 돋아난 용감한 전사들인 스파르토이가 이끄는 강력한 군대가 있기에 가능했다.

카드모스와 하르모니아

카드모스는 아름다움과 사랑의 여신 아프로디테의 딸인 어여쁜 하르모니아와 결혼했다.

모든 신들이 값진 선물을 가지고 와서 그들의 성대한 결혼식을 축하해 주었다.

그들이 결혼식을 올린 장소는 뒷날 테베의 시장이 되었고, 이전에는 올림포스의 옥좌가 있던 곳이었나.

아폴론 신이 직접 리라를 연주해서 카드모스와 하르모니아의 결혼을 축하해 주었다.

오늘날에도 사람들은 뮤즈들이 그 유명한 노래 '사랑은 아름다운 것, 결코 추하지 않은 것'을 부른 장소가 이곳이라고 말하곤 한다.

신들 가운데 결혼식에 참석하지 않은 자는 둘뿐이었다.

전쟁의 신 아레스는 카드모스가 자기 아들인 용을 죽였기 때문에 오지 않았고, 불화의 여신인 에리스는 진정으로 서로를 사랑하는 그들이 보기 싫어서 이 자리에 나타나지 않았다.

이 결혼이 기억될 만한 것은 결혼식이 성대하고 화려했

기 때문이라기보다는 여러 신들과 사람들이 그 순간만큼은 하나가 되어 가장 위대한 사랑으로 맺어진 이들 한 쌍의 결혼을 축하해 주었기 때문이다.

  카드모스와 하르모니아는 오랫동안 서로 사랑하고 행복하게 살면서 나라를 다스렸다.

 그들은 테베뿐만 아니라 그리스 전체에 결혼이 어떠해야 하는가를 보여 준 모범적인 부부였다.
 당시에 젊은 남녀가 결혼하면 그들의 친척이나 친구들은 다음과 같이 말해 주곤 했다.
 "두 사람이 카드모스와 하르모니아처럼 늘 서로 사랑하

기를……."

카드모스와 하르모니아의 사랑은 끝까지 지속되었지만, 그들의 행복은 오래가지 못했다.

그들 사이에서 태어난 네 딸 가운데 세멜레와 이노가 헤라 여신의 질투로 목숨을 잃었기 때문이다.

카드모스는 두 딸의 비극적인 죽음이 아레스와 관련이 있다고 믿었다.

아레스는 카드모스가 용을 죽인 데 대해 계속 앙심을 품고 있었기 때문이다.

그래서 카드모스는 테베의 왕위를 손자인 펜테우스에게 물려주고 하르모니아와 함께 북쪽으로 떠났다.

더 이상 자손들에게 불행이 닥치지 않게 하기 위해서였다.

그러나 북쪽으로 간 그를 기다린 것은 고통과 쓰라림뿐이었다.

카드모스의 또 다른 손자 악타이온이 아무 잘못을 저지르지 않았는데도 아르테미스 여신의 노여움을 사서 죽었다는 소식이 전해졌기 때문이다.

신들이 자기에게 등을 돌렸다는 사실을 알고 깊은 슬픔에 빠진 카드모스는 그가 용을 죽이던 날 아테나 여신이 해 준 말을 떠올렸다.

"언젠가 네가 용을 죽인 대가를 치르게 될 날이 올지도 모른다. 용을 죽인 네 행동이 비록 정당한 것이었지만 말이다."

카드모스는 이렇게 소리쳤다.

"이것이 아레스의 용을 죽인 대가라면, 내 자녀들과 손자들이 그런 심한 벌을 받게 하느니 차라리 내가 그런 괴물로 변하는 벌을 받는 편이 낫겠다!"

이 말을 미처 마치기도 전에 카드모스의 몸이 가늘고 길어지면서 피부에 비늘이 생기기 시작했다.

카드모스의 머리는 좁고 뾰족하게 변했고 그의 혀는 두 갈래로 갈라졌다. 남자다웠던 그의 목소리는 쉭쉭 하는 소리를 내기 시작했다.

카드모스가 뱀으로 변한 것이었다.

절망과 외로움을 견디지 못한 하르모니아는 남편과 헤어지느니 차라리 자기도 뱀으로 변하게 해 달라고 신들에게 간청했다.

신들은 하르모니아의 소원을 들어 주었다.

고통의 운명

이렇게 해서 젊은 시절에는 영광과 명예, 기쁨을 한껏 누렸던 이들 부부는 노년에는 비참하고 고통스런 나날을 보내야만 했다.

두 마리의 독 없는 뱀으로 변한 카드모스와 하르모니아는 바위와 돌 사이를 힘들게 기어 다녔다.

한때 신들의 총애를 받았던 두 사람이 이제는 신들과 사람들에게 멸시를 받는 비참한 존재가 된 것이다.

카드모스와 하르모니아는 한때 사랑이 무엇인지 잘 알고 그것을 풍성하게 베풀었으며 많은 사람들을 도와주었고 파리 한 마리에게도 해를 끼치지 않았다.

하지만 그들은 사랑을 베풀며 살았음에도 불구하고 마지막에는 슬픔과 절망이라는 쓴잔을 마셔야 했다.

아무도 그들이 왜 그렇게 되어야 했는지 이유를 알지 못했다.

죽음을 맞을 때가 되어서야 신들은 카드모스와 하르모니아에게 동정을 베풀었다.

그래서 그들의 영혼은 하데스가 다스리는 어두운 지하로 내려가지 않고 고통과 후회가 없는 행운의 섬으로 갔다.

오랜 세월이 흐른 뒤 한 사람이 북쪽으로 그들을 찾아 나섰다. 그의 이름은 일리리우스, 카드모스와 하르모니아가 노년에 낳은 막내아들이었다.

부모님을 무척 사랑했던 일리리우스가 그들의 무덤을 찾으러 나선 것이었다.

하지만 일리리우스는 아무것도 찾지 못하고 부모님이 죽은 땅에 자리를 잡고 그 나라를 다스렸다.

그때부터 이 나라는 '일리리아'라고 불리게 되었다.

제토스와 암피온

안티오페

테베를 창건하고 카드메이아 요새를 만들고 테베를 세운 사람은 아게노르의 아들 카드모스였다.

하지만 일곱 개의 대문이 달린 테베의 유명한 성벽을 쌓은 건 카드모스의 후손인 쌍둥이 형제 제토스와 암피온이었다.

이 두 사람과 그들의 어머니 안티오페의 이야기는 신기하고도 재미있다.

안티오페는 테베의 왕 닉테우스의 딸이었다. 제우스는

너무나도 아름다운 그녀에게 반하고 말았다.

제우스와 안티오페 사이에서 태어난 쌍둥이 아들이 제토스와 암피온인데, 그들의 흥미진진한 이야기는 그들이 태어나기 전부터 시작된다.

배 속에서 아기들이 꿈틀거리는 것을 느끼자 안티오페는 아버지의 노여움을 살까 봐 두려움에 몸을 떨었다.

평소 위엄 있는 닉테우스가 화를 내면 사람들은 그 앞에서 어쩔 줄을 몰랐다.

닉테우스는 얼마 전 시키온의 젊은 왕 에포페우스가 안티오페를 아내로 맞이하게 해 달라고 했지만 그의 청을 거절했다.

단지 딸을 옆에 두고 쓸쓸한 노년에 위안을 삼으려는 생각 때문이었다.

그런 아버지에게 안티오페가 어떻게 자기 배 속에서 제우스의 아이들이 자라고 있다는 말을 할 수 있었겠는가? 설사 말한다 해도 아버지가 그 말을 믿어 주겠는가?

안티오페는 아버지가 아기를 가진 자기를 죽일지도 모른다고 생각했다.

비록 죽이지는 않는다 해도 평생 불명예스럽게 살아가게 될 것이 뻔했다.

안티오페는 두려움에 떨며 자신의 목숨을 구할 방법을 곰곰이 생각했다.

'내 사정을 털어놓을 수 있는 사람은 에포페우스밖에 없어. 그분은 날 이해하고 보호해 줄 거야.'

이렇게 생각한 안티오페는 밤에 몰래 집을 빠져나와 길고 힘든 여행을 한 끝에 시키온에 도착했다.

다행히 안티오페를 반갑게 맞아들인 에포페우스는 즉시 그녀와 결혼했다.

이제 안티오페는 아무 두려움 없이 아이들을 낳을 수 있게 된 것이었다.

닉테우스와 싸우게 된 에포페우스

그러나 젊은 부부가 신혼의 달콤함을 미처 누리기도 전에 에포페우스의 전령이 궁전으로 뛰어들어와서 숨을 헐떡이며 소식을 전했다.

"닉테우스와 그의 동생 리코스가 이끄는 테베 군이 쳐

들어왔습니다. 테베 군은 코린트 해협을 건너 이곳 시키온으로 오고 있습니다."

에포페우스는 즉시 테베 왕과 맞서 싸울 준비를 했다.

안티오페는 자기를 아버지인 닉테우스에게 넘겨주라고 간청하며 그를 말렸지만 소용이 없었다.

"여보, 당신의 죽음을 슬퍼하는 것보다는 당신과 헤어지더라도 당신이 살아 있기를 바랍니다."

안티오페는 간절하게 말했다.

안티오페의 간청을 뿌리친 에포페우스는 그녀의 잔인한 아버지에게 일 대 일로 싸우자고 도전했다.

이 싸움에서 두 사람 모두 목숨을 잃었다. 그러자 리코스가 테베 군을 이끌고 도시로 쳐들어와서 안티오페를 납치한 다음 테베로 돌아가서 왕이 되었다.

그러나 새 왕비 디르게는 나쁜 여자였다. 그녀의 마음은 안티오페에 대한 증오로 가득 차 있었다.

디르케가 리코스에게 말했다.

"제 말 좀 들어 보세요, 폐하. 다른 사람들이 안티오페가 아이를 가졌다는 사실을 알게 해서는 안 돼요. 그 사실이 알려지면 당신은 왕위를 지킬 수 없을지도 몰라요."

그러자 리코스가 물었다.

"그래서 어떻게 하자는 거야?"

"안티오페를 저에게 넘겨 주세요. 제게 그 애를 처치할 좋은 생각이 있어요."

감옥에 갇힌 안티오페

 디르케는 안티오페를 어두운 지하 감옥에 가두었다.

 안티오페는 그 어둡고 축축한 지하 감옥에서 제우스의 아들들인 제토스와 암피온을 낳았다.

 아이들이 태어났다는 소식을 들은 디르케는 무정하게도 안티오페에게서 제토스와 암피온을 빼앗아 바구니에 넣은 다음 가장 믿음직한 신하를 불렀다.

 "이 바구니를 들고 키타이론산에 올라가서 가장 황량하고 험한 산비탈에 버리도록 해라. 네가 그 애들을 죽일 필요는 없다. 그 애들이 살 것인지 죽을 것인지는 신들이 결정하도록 해라. 난 살인을 저질렀다는 허물을 쓰고 싶지는 않으니까."

 디르케는 신하에게 이렇게 말했다.

 물론 이 말은 위선으로 가득 찬 것이었다. 디르케는 아기들을 산비탈에 버리면 머지않아 죽어 버리거나 늑대들의 밥이 되리라는 것을 잘 알고 있었기 때문이다.

 이렇게 아기들을 죽음으로 몰아넣은 디르케는 또 다른 신하에게 안티오페가 지하 감옥에서 탈출할 수 없게 하라고 명령했다.

 디르케는 안티오페에게 무거운 쇠사슬을 채우고 그녀가 갇혀 있는 감방 문에 이중으로 자물쇠를 채웠다.

 하지만 제우스는 자신의 아들들을 그대로 내버려 둘 수 없었다.

 디르케는 가장 믿을 만한 신하를 골라 심부름을 시켰지만, 신들의 왕인 제우스는 그 신하의 영혼 속에 자비롭고 정의로운 마음을 쏟아 넣었다.

그래서 신하는 왕비의 잔인한 행동을 알아차리고는 안티오페가 낳은 가련한 아기들에게 동정심을 느끼게 되었다.

키타이론산의 높은 곳까지 올라간 신하는 친절한 양치기를 만나게 되었다.

그는 양치기에게 아기들을 산비탈에 버려 죽게 만들라고 한 왕비의 명령을 이야기했다.

그 이야기를 들은 양치기는 아기들이 너무나 불쌍하게 여겨졌다. 그래서 신하에게 그 아기들을 데려다가 자식으로 삼아 잘 기르겠다고 했다.

신하가 말했다.

"이 가련한 아이들을 친절하고 정직한 사람에게 맡겼다고 생각하니 이제 마음이 놓이는구려. 이 아이들의 어머니가 닉테우스 왕의 딸이며 에포페우스 왕의 아내인 안티오페라는 걸 알아 두시오. 닉테우스 왕과 에포페우스 왕은 서로 결투를 벌여 둘 다 죽었지요."

양치기가 물었다.

"그런데 안티오페 공주님은 지금 어디 있지요?"

"그 얘기는 차마 하기가 힘들구려."

신하는 말하기 어려운 듯 머뭇거리다가 대답했다.

"난 많은 불의를 보고도 입을 다물어 왔지만, 이 사실만은 참고 견디기가 어렵구려. 안티오페 공주는 지금 햇빛 한 조각 들어오지 않는 지하 감옥에 갇혀 있다오. 잘못한 일이 전혀 없는데도 말이오. 그러나 가장 고약한 일은 못된 왕비가 공주의 아기들을 강제로 빼앗았다는 거요. 안티오페 공주는 지금 아기들을 영영 잃어버렸다고 믿고 있지요.

선량한 양치기 어른, 나를 위해서 이 말을 제발 입 밖에 내지 마시오. 내가 지금 이야기한 것은 우리 둘만 알고 있어야 하오. 아이들에게도 그들의 어머니가 누구인지 얘기하지 않겠다고 약속해 주시오."

양치기가 그러겠다고 약속하자 신하는 테베로 돌아왔다. 그리고 왕비에게 명령대로 아기들을 버렸으며 지금쯤 늑대들의 밥이 되었을 거라고 말했다.

그 말을 들은 디르케는 매우 기뻐했다.

키타이론산에서 자란 제토스와 암피온

그러나 그 아이들은 키타이론산에서 친절한 양치기의 보살핌을 받으며 무럭무럭 자랐다.

양치기는 아이들의 이름을 제토스와 암피온으로 지었다.

양치기는 아이들에게 염소 젖과 산에서 나는 꿀을 먹였고 자기를 '아버지'라고 부르게 했다.

쌍둥이 형제가 세상 물정을 이해할 나이가 되자 양치기

는 그들의 어머니는 산적들에게 납치되어 갔으며 그녀가 살아 있는지 죽었는지 모른다고 말해 주었다.

제토스와 암피온은 키타이론산의 언덕에서 무럭무럭 자라서 훌륭한 청년이 되었다. 쌍둥이라 서로 비슷할 것 같지만 그들은 성격이나 생김새가 너무나 달랐다.

제토스는 어깨가 떡 벌어지고 힘센 용사가 되었다.

그는 사냥을 좋아했고 아무리 무서운 짐승이 나타나도 무서워하는 법이 없었다.

그와는 반대로 암피온은 음악과 시를 좋아했다.

암피온은 양 떼를 몰고 풀밭으로 나가서는 몇 시간이고 산비탈에 앉아 리라를 연주하며 노래를 부르곤 했다.

암피온이 부르는 노래는 너무나 아름다워서 그 소리를 듣는 새들의 마음을 움직였고 가장 사나운 짐승들까지도 순하게 만들 정도였다. 암피온의 음악은 주위에 있는 돌들까지 움직일 수 있는 힘을 지니고 있었다.

두 젊은이는 이렇게 서로 달랐지만, 매우 비슷한 점이 한 가지 있었다. 그들은 둘 다 마음이 따뜻하고 다른 사람들을 잘 배려했다. 또한 서로 끔찍이 사랑했을 뿐만 아니라 그들이 아버지라고 믿고 있는 양치기를 잘 모셨다.

20년이라는 세월이 흘렀다. 이제 제토스와 암피온은 더욱 훌륭한 젊은이로 자라났다.

자유의 몸이 된 안티오페

그러나 안티오페는 여전히 끔찍한 감옥에서 어렵게 살아가고 있었고, 디르케는 왕비로서 특권을 마음껏 누리고 있었다.

그 사악한 왕비는 자신이 갖고 있는 특권을 영원히 누릴 거라고 생각했다.

하지만 시간의 수레바퀴가 이제 한 바퀴를 완전히 돌았다.

제우스는 언젠가는 자기 아들들을 도와야 한다는 것을 결코 잊지 않고 있었다. 또 테베의 왕좌가 당연히 제토스와 암피온에게 돌아가야 한다고 생각하고 있었다.

어느 날 느닷없이 안티오페가 갇혀 있던 지하 감옥에 박혀 있던 굵은 쇠창살이 내려앉으면서 감옥의 문이 저절로 열렸다.

그와 동시에 안티오페의 발목에 채워져 있던 쇠사슬도 떨어져 나갔다. 쌍둥이의 어머니가 마침내 자유로워진 것이었다.

 안티오페는 어리둥절해하며 비틀비틀 일어서서 문으로 걸어간 다음 두려운 눈으로 밖을 내다보았다. 아무도 보이지 않았다.

 용기를 얻은 안티오페는 있는 힘을 다해 감옥에서 빠져나왔다. 그리고 디르케의 복수를 피하기 위해 있는 힘을 다해 키타이론산으로 도망쳤다.

무턱대고 달아난 안티오페는 자신의 아들들이 사는 곳에 이르게 되었다.

오두막에는 양치기 혼자 있었다.

안티오페는 자기가 누군인지를 밝히고 도움을 청했다. 그녀는 자기가 그동안 겪어 온 일을 양치기에게 털어놓았다.

곧 제토스와 암피온이 돌아왔다. 모든 것을 알고 있는 양치기는 자기 감정을 드러내지 않으려고 애썼다.

자기 앞에 한 불행한 어머니가 잃어버린 아들들과 마주 보고 있으면서도 서로 누구인지 모르고 있는 게 아닌가!

그러나 양치기는 아무 말도 하지 않았다. 오래전에 자신에게 쌍둥이 형제를 맡긴 신하에게 한 약속을 지켜야 했기 때문이다.

무서운 명령

"내가 비밀을 털어놓으면 테베에 또 어떤 불행한 일이 일어날지 누가 알겠는가?"

양치기는 혼잣말을 했다.

그런데 바로 그 순간 화가 머리끝까지 오른 왕비 디르케가 오두막 안으로 뛰어들어왔다.

"나쁜 것 같으니라구! 감옥은 신들이 지정한 너의 집이야. 이제 네가 죽을 때가 왔어!"

왕비는 이렇게 고함을 지르며 제토스와 암피온에게 안티오페를 사나운 황소의 뿔에 묶으라고 명령했다. 황소의 공격을 받아 숙게 만들려는 것이었다.

왕비는 화를 참지 못하며 쌍둥이 형제에게 말했다.

"저 여자는 엄청난 죄를 지었어. 오래전에 죽였어야 했

는데 인정을 베풀어 감옥에 가두어 두었던 거야. 저 나쁜 것이 도망칠 수 있다고 생각했겠지만 보라구, 신들이 나를 이곳으로 인도했고 게다가 저것에게 마땅한 벌을 내리도록 자네들 같은 훌륭한 젊은이들까지 나에게 준 거라구."

제토스와 암피온은 고개를 떨구고는 아무 말도 하지 않았다.

그러자 디르케가 험악한 표정을 지으며 소리쳤다.

"어서 시킨 대로 해! 내 말이 들리지 않아? 테베의 왕비가 너희들에게 명령하고 있는 거야. 어서 내 말대로 하라구. 내 명령에 복종하란 말이야! 그건 신들의 뜻이기도 하니까."

어머니와 만나다

쌍둥이 형제는 무거운 마음으로 누구인지도 모르는 여인을 황소의 뿔에 묶으려고 했다.

그 여인이 자신들의 어머니라는 것은 꿈에도 생각하지 못했다. 그들은 왕비가 내린 나쁜 명령을 피할 방법을 찾지 못했다.

그들이 안티오페를 묶으려고 할 때, 양치기가 자리에서 벌떡 일어서며 소리쳤다.

"얘들아, 너희들이 죽이려고 하는 사람이 누구인 줄 아느냐?

테베의 공주님이었던 바로 너희들의 어머니란다."

"거짓말!"

순간 디르케가 고함을 꽥 질렀다.

그 말에 대답하기라도 하듯이 양치기는 가방을 열어 쌍둥이 형제가 키타이론산으로 올 때 담겨 있던 바구니를 꺼냈다.

그들이 입었던 작은 옷이 아직 그 바구니 안에 들어 있었다.

"내 아들!"

안티오페가 흐느끼면서

달려가 두 아들을 껴안았다.

이를 지켜보던 디르케는 발길을 돌리며 씩씩거렸다.

"반역이다! 군대를 보내서 너희들을 손봐 주겠다."

그러나 늙은 양치기에게는 아직 힘이 남아 있었다. 그가 디르케의 팔을 꽉 붙잡고 두 젊은이에게 소리쳤다.

"이제 내가 명령하겠다! 이 여자를 붙잡아서 아무런 죄도 없는 너희 어머니에게 내렸던 벌을 자신이 대신 받도록 해라."

그러자 제토스와 암피온이 디르케를 붙잡아서 황소의 뿔에 매달았다. 황소가 디르케를 눈 깜짝할 사이에 죽여 버렸다.

사악한 디르케가 정당한 벌을 받고 난 뒤, 양치기는 쌍둥이를 향해 이렇게 말했다.

"내 아들들아, 이것이 내가 너희를 아들이라고 부르는 마지막이 될 것이다. 왜냐하면 나는 너희들의 아버지가 아니기 때문이다. 너희를 이 세상에 태어나게 해 준 진짜 아버지가 누구인가는 너희 어머니가 알고 있을 것이다.

이제 너희가 테베로 돌아갈 때가 왔다. 카드모스의 왕

좌가 너희를 기다리고 있다. 폭군 리코스를 물리치고 그 도시를 해방시켜라. 이것이 너희들이 오랫동안 아버지라고 믿어 왔던 내가 너희에게 들려주는 마지막 충고다.

어서 가거라. 너희 앞날에 있을 모든 일이 순조롭게 풀리기를 빌겠다. 나는 여기서 살겠다. 나는 여기서 태어났고 여기서 자랐으며 여기서 노인이 되었으므로 여기서 죽고 싶다."

제토스와 암피온은 어머니를 모시고 테베로 돌아가서 폭군 리코스를 물리친 다음 테베의 왕이 되었다.

제토스와 암피온이 처음으로 시작한 일은 도시에 튼튼한 성벽을 쌓는 것이었다.

전에 카드모스가 성벽을 쌓았지만 그 성벽은 위쪽에 있는 도시 카드메이아만을 둘러싸고 있을 뿐이었다.

그 뒤로 성벽 밑에 있는 마을이 커다란 도시가 되어 있었다. 그래서 테베 전체를 둘러싸고 보호할 수 있는 새로운 성벽이 필요했던 것이다.

제토스와 암피온은 성벽 쌓는 일을 시작했다.

하지만 그들은 다른 여러 가지 일에서 그랬던 것처럼

성벽을 쌓는 방법 역시 서로 달랐다.

　엄청난 힘을 지닌 제토스는 맨손으로 커다란 바위들을 들어 제자리에 놓았다.

　그러나 암피온은 그와는 아주 다른 이상한 방법으로 성벽을 쌓았다. 그는 리라를 연주했을 뿐이었다.

　암피온이 연주하는 음악의 힘이 너무나 신기해서 돌들이 그 명령에 따라 저절로 공중에 떠서 제자리에 차곡차곡 쌓여 성벽이 만들어졌다.

　이처럼 맨손과 음악의 힘으로 두 형제는 튼튼한 성벽을 쌓았다. 그 뒤 이 도시는 '일곱 개의 대문을 가진 테베'라고 알려지게 되었다. 그 까닭은 공격하기도 어렵고 좀처럼 함락되지 않는 성벽에 일곱 개의 출입문이 설치되었기 때문이다.

　제토스와 암피온은 사이좋게 도시를 다스렸다.

　그러나 그들은 끝까지 행복하게 살아갈 운명은 아니었다.

　제토스는 아에돈과 결혼했고 그 둘 사이에 아들이 하나 태어났다. 그러나 나중에 아에돈은 미쳐서 자기 아들을 죽이고 말았다.

그 뒤 아에돈은 밤낮으로 슬퍼하면서 지냈다.

마침내 아에돈은 아들을 죽인 일을 후회하면서 슬픔을 이기지 못하고 죽고 말았다.

신들은 그녀를 불쌍히 여겨 낮과 밤을 가리지 않고 우는 새 나이팅게일로 변하게 했다.

제토스는 새벽바다 나이팅게일의 슬프고 외로운 울음소리를 들으며 잠에서 깨곤 했다.

암피온은 탄탈로스의 딸 니오베와 결혼했다. 그들은 오랫동안 행복하게 살면서 열네 명의 자녀를 낳았다.

그러나 그들에게도 슬픈 일들이 기다리고 있었다. 그 이야기는 가장 비극적인 니오베의 신화가 된다.

니오베

행복한 여인

니오베의 신화는 그리스 신화 가운데에서 가장 극적이고 대담한 이야기일 것이다.

프로메테우스와 데우칼리온의 홍수 이야기와 마찬가지로 이 이야기는 아주 강하고도 직접적인 의문을 던져주고 있기 때문이다. 왜 신들은 그렇게 자주 인간에게 옳지 못한 일들을 하는 것일까? 왜 인간을 그대로 놔두지 않는 걸까?

니오베에게 잘못이 있을지도 모르지만, 그녀가 받은 벌

은 너무나 잔혹하고 사람으로서 견뎌 낼 수 없는 고통을 안겨 주었다.

그렇기 때문에 니오베가 어떤 죄를 지었다 해도 그녀에게 가해진 신들의 참혹한 복수 앞에서 그녀의 잘못은 빛을 잃고 만다.

그리고 니오베에게 내려진 판결을 보면서 우리는 과연 신들이 정의로운 존재들인가 하는 의심을 갖게 된다.

니오베는 암피온의 아내로서, 또 많은 자녀들의 어머니로서, 세상에서 가장 행복한 여인이었다.

재앙이 그녀를 덮치기 전까지는 그랬다.

니오베는 왕비였고 남편은 그녀를 무척 사랑했으며 무엇보다도 아들 일곱과 딸 일곱인 열네 명의 자녀를 두고 있었다.

모두 어린 신들처럼 예쁜 이 아이들은 니오베의 자랑이며 기쁨이었다.

니오베에게 자녀들은 그 무엇보다도 소중한 존재였다. 그녀는 자기 손으로 그들을 씻기고 머리를 빗질했으며 더 어린 아이들에게는 음식을 먹여 주었다.

니오베는 자신과 남편이 이룬 화목하고 행복한 가정을 자랑스러워했다.

자기 가족을 자랑스러워한다는 것은 죄가 아니다. 단 다른 가족과 비교해서 그들의 감정을 상하게 하지만 않는다면 말이다.

그러나 가족을 너무나 자랑스러워했던 니오베는 그런 비교를 하는 실수를 서지르고 말았다.

자기 가족을 다른 가족과 비교함으로써 그녀는 사람뿐만 아니라 한 여신을 모욕했던 것이다.

위험한 자만심

니오베는 자주 이렇게 말하곤 했다.

"난 이 세상에서 가장 행복한 어머니야. 지상뿐 아니라 하늘에도 나만큼 행복한 어머니는 없을 거야."

어느 날 니오베를 기른 늙은 유모가 그녀에게 말했다.

"하지만 우리 부모님과 조부모님이 늘 우리에게 하시던 얘기로는, 가장 행복한 어머니는 아폴론 신과 아르테미스 신을 낳은 레토 여신이라던데요. 아폴론과 아르테미스 모두 인간과 신들의 존경을 받는 강력한 신들이거든요."

이 말을 들은 니오베가 뽐내며 대꾸했다.

"난 열네 명의 자녀를 두었어. 내 아들들은 최고의 운동선수이자 뛰어난 기수들이지. 내 딸들은 테베에서 가장 아름다운 꽃들이고 성벽에 있는 일곱 개의 큰 탑에 그들의 이름이 붙여져 있어. 그런데 어떻게 자녀가 둘밖에 없는 레토 여신이 나보다 더 훌륭한 어머니라고 할 수 있겠어?"

유모가 걱정하며 대답했다.

"당신은 왕비이지만 한때는 내 젖을 빠는 아기였어요. 그러니까 나에겐 당신을 꾸짖을 권리가 있답니다. 방금 하신 말씀을 취소하세요! 사람들 앞에서는 마음대로 뽐내세요. 하지만 신들 앞에서는 겸손해야 해요.

신들은 우리가 상상할 수 없을 정도로 강한 힘을 지니고 있으니까요. 신들에 비하면 우린 아무것도 아닌 존재들이에요."

"다른 사람들은 그렇겠지. 하지만 난 달라."

"마마, 말조심하세요!"

 "난 신들의 총애를 받고 있어. 그리고 열네 명의 자녀들이 나에게 힘을 주고 있어. 내 방패는 테베의 왕이며 제우스 신의 아들인 내 남편이구!"

 "그만하세요, 마마. 만약 신들이 인간의 말을 들을 수 없고 인간의 생각을 읽을 수 없다면, 아마 마님에게 아무 일도 일어나지 않겠지요.

 하지만 난 겁이 나요. 아주 겁이 나요. 재앙이 닥칠까 봐 겁이 난단 말입니다, 마마."

여신의 분노

아니나 다를까 니오베가 한 말이 레토에게 전해졌고 레토는 불같이 화를 냈다.

레토는 즉시 예언자 테이레시아스의 딸인 점쟁이 만토를 불러 이렇게 명령했다.

"지금 곧 테베로 가서 그 도시의 어머니들에게 나에게 제물을 바치라고 명령해라. 단 한 사람도 빠져서는 안 된다고 일러라. 그랬다가는 상상할 수도 없는 복수가 가해질 테니!"

만토는 서둘러 테베로 가서 레토 여신의 명령을 도시 구석구석에 전했다.

만토는 궁전에 가서도 레토의 명령을 알렸다.

만토의 말을 전해 들은 모든 어머니들은 서둘러 레토 여신에게 제물을 바쳤다.

하지만 니오베만은 고집을 부리며 궁전에 남아 있었다.

이를 보다 못한 늙은 유모가 간청했다.

"마마, 어서 가세요. 재앙이 닥치기 전에 어서 가세요. 머뭇거리다가는 너무 늦어 버리게 될 테니까요."

니오베가 대답했다.

"난 레토가 두렵지 않아. 난 한 번도 다른 누군가에게 머리를 숙인 적이 없어.

이번에도 그럴 수 없어. 난 열네 명의 자녀를 둔 어머니야. 그러니까 내가 더 훌륭한 어머니라구. 난 레토에게 제물을 바치지 않겠어!"

니오베는 끝내 유모의 말을 듣지 않았다.

그러자 레토는 백발백중의 궁수인 두 자녀 아폴론과 아르테미스를 불러들였다.

그리고 분노로 떨리는 목소리로 자기가 끔찍한 모욕을 당했다고 이야기했다.

거기다 레토는 이렇게 덧붙였다.

"만약 니오베가 벌을 받지 않는다면 사람들은 나를 존경하지 않을 것이고 나를 여신으로 숭배하지도 않을 거야. 나아가 나를 모시던 제단은 무너질 것이고 다른 신들도 나를 거들떠보지 않게 될 거야."

아폴론이 레토를 위로하며 대답했다.

"걱정 마세요, 어머니. 우리는 그게 누구든 간에 한낱 인간의 여자가 어머니를 모욕하는 걸 허용하지 않겠습니다.

우린 어머니가 우리에게 무얼 바라시는지 알고 있습니다. 안심하십시오."

그 뒤를 이어 아르테미스가 외쳤다.

"갑시다, 오빠! 그 여자의 자녀가 몇이나 남게 되는지 두고 봅시다. 그 여자에게 여신, 특히 우리 어머니를 모욕하는 것이 얼마나 어리석은 일인지 가르쳐 줍시다."

냉혹한 복수

아폴론과 아르테미스는 즉시 테베로 떠났다.

그들의 화살통에서는 다가올 재앙을 예고하는 듯이 무서운 화살들이 달가닥거리고 있었다.

그들이 도시에 도착했을 때 테베의 모든 젊은이들은 성벽 아래에서 운동 경기를 벌이고 있었다.

그런데 모든 경기에서 니오베의 일곱 아들이 승리를 거두고 있었다.

구름으로 몸을 감싼 아폴론은 아크로폴리스에 높이 솟아 있는 바위에 자리를 잡았다.

아폴론의 날카로운 눈은 곧 니오베의 일곱 아들을 찾아냈다.

그는 화살통에서 일곱 개의 화살을 꺼내 옆에 놓았다.

그러고 나서 아폴론은 아래에 있는 경기장을 자세히 살핀 다음 한 개의 화살을 활에 메우고 겨냥했다.

화살이 씽 하는 소리를 내며 아폴론이 바라보는 시선을 따라 아래로 날아갔다.

화살은 표적을 정확하게 맞혔고 운동선수 가운데 한 사

람이 땅에 쓰러져 죽었다.

　아폴론은 또 하나의 화살을 날렸고 이어 세 번째, 네 번째 화살을 날렸다.

　결국 일곱 명의 젊은이가 먼지 속에 쓰러져 죽었다.

　그 결과 테베 사람들은 우승자에게 찬사를 바쳐야 할 시간에 그들의 죽음을 애도하게 되었다.

　월계관을 쓴 챔피언이 이끄는 행렬 대신 이 도시에서 가장 훌륭한 청년 일곱 명의 시신을 운반하는 엄숙한 장

례 행렬이 궁전으로 향하게 되었다.

 그 행렬이 언덕을 올라올 때 암피온은 언제나 그랬듯이 성문에 서서 기다리고 있었다. 승리자들을 축하해 주기 위해서였다.

 그러나 암피온을 향해 다가오는 행렬은 그가 예상했던 행렬과는 달랐다.

암피온은 걱정스러운 눈으로 그 조용하고 우울한 행렬이 가까이 오기를 기다렸다.

암피온은 어떤 무서운 재앙이 닥쳤다는 것을 짐작하고 있었다.

그러나 일곱 명의 아들이 시신이 되어 하나하나 땅에 내려놓이는 것을 본 그는 하늘이 무너진 듯한 절망감을 느꼈다.

암피온은 한동안 자기 눈으로 본 이 처참한 상황을 마음 속에서는 받아들이고 인정할 수 없었다.

마침내 어떤 일이 일어났는가를 깨달은 그는 하늘을 우러러보며 가슴이 찢어지는 듯한 낮은 신음 소리를 냈다.

이어 암피온의 고개가 숙여졌고 두 눈은 절망과 분노로 벌겋게 충혈되었다.

암피온의 한 손이 칼자루로 가더니 다음 순간 그는 번개같이 칼을 빼들어 자기 가슴을 찔렀다.

신이여, 동정을 베푸시옵소서!

암피온이 땅에 쓰러져 죽었을 때 니오베와 일곱 딸들이

성문에 나타났다.

딸들은 가슴이 찢어지는 듯한 비명을 지르며 오빠와 남동생 그리고 사랑하는 아버지의 시체 위에 몸을 던졌다.

니오베만이 그대로 서 있었다. 그 끔찍한 광경을 감당할 수 없었던 그녀는 두 손으로 얼굴을 감쌌다.

니오베는 솟구쳐 오르는 울음은 가까스로 참을 수 있었지만, 두 눈에서 흘러내리는 눈물만은 막을 수가 없었다.

니오베는 사람들이 자기에게 경고했던 재앙이 닥쳤다는 것을 알았다.

그러나 그녀는 갈등에 시달리고 있었다.

이 끔찍한 벌도 왕비의 자존심을 꺾지 못했기 때문이었다.

니오베는 레토가 자신보다 더 훌륭한 어머니라는 사실, 또는 이 비극적인 일로 레토가 자신 위에 있다는 사실을 진심으로 인정할 수 없었다.

그래서 니오베는 마지막 용기를 내어 뺨에 흐르는 눈물을 닦고 하늘을 향해 두 팔을 들어 올린 다음 이렇게 소리쳤다.

"레토! 네가 저지른 이 끔찍한 죄를 보며 즐겁기도 하겠 구나. 네 잔인성이 거둔 승리를 한껏 즐기려무나. 하지만 이것으로 네가 승리했다고 생각하지는 말아라. 비록 많은 시체들이 내 주위에 흩어져 있지만, 나는 아직 내 슬픔을 달래 줄 일곱 명의 딸이 있다.

그렇구말구. 난 언제나 너보다 더 훌륭한 어머니였고 지금도 그렇다. 넌 결코 날 따라올 수 없어!"

니오베의 말을 듣고 있던 사람들은 모두 소름이 돋 았다.

자존심에 눈이 먼 니오베는 자기의 외침이 다시 레토 여신에게 도전하는 것이며 틀림없이 그에 대한 끔찍한 대답이 있으리라는 사실을 몰랐던 것이다.

잠시 뒤 씽 하는 소리와 함께 화살 한 개가 날아오더니 니오베의 딸들 가운데 한 사람에게로 날아갔다.

화살에 맞은 그 딸은 쓰러졌고 곧 자기 오빠의 시신 위에서 숨을 거두었다.

아폴론이 활을 내려놓았고 이제 아르테미스가 대신 활을 들고 있었다.

아르테미스가 하나씩 하나씩 재빨리 쏘아 대는 화살은 한 치의 오차도 없이 니오베 딸들의 심장을 꿰뚫었다.

일곱 명의 딸들 가운데 여섯 명이 죽고 이제 어린 클로리스만 남아 있었다.

클로리스는 왕비가 가장 귀여워하는 막내딸이었다.

니오베는 이 마지막 순간에 자존심이 꺾였다.

슬픔을 가눌 수 없게 된 그녀는 무릎을 꿇고 하늘을 우러러보며 고통에 짓눌린 목소리로 외쳤다.

"오, 위대하고 강하신 레토 여신이여! 당신이 이겼습니다. 당신을 모욕한 죄를 용서하시고 제게 동정을 베푸시옵소서. 이렇게 빕니다. 마지막으로 남은 이 막내딸만은 살려 두어 제 슬픔을 어루만져 주게 하소서!"

니오베는 슬픔으로 몸부림쳤다. 그녀는 하늘을 향해 두 손을 들어 올리고 가슴을 치면서 간청했다.

"당신이 만약 제게 동정을 베풀 수 없다면, 혼자 남은 가련한 미물에게 자비라도 베풀어 주소서. 저를 죽이더라도 이 애만은 살려 주십시오. 살아서 울음으로 이 일들을 잊어버리고 당신의 위대한 이름 앞에 무릎을 꿇게 하소서!"

니오베는 레토 앞에 완전히 굴복했다. 이제 그녀의 자존심은 흔적조차 찾아볼 수 없었다.

레토 여신은 기뻐했다. 그러나 그녀의 마음속에서 동정심은 우러나지 않았다.

니오베의 울부짖음은 얼음이라도 녹일 만했지만, 레토의 분노를 가라앉힐 수는 없었다.

씽 하는 소리가 울리더니 아르테미스의 마지막 화살이 니오베의 막내딸 클로리스 가슴에 가서 박혔다.

클로리스는 어머니 품에 안긴 채 죽었다.

니오베는 신들의 이 잔인한 행동에 얼이 빠진 채 그 자리에 서 있었다.

그녀의 자녀들이 모두 죽었고 남편도 죽었다. 어린 클로리스마저 저세상으로 가고 말았다.

믿을 수 없는 학살이었고 말로 표현할 수 없는 끔찍한 광경이었지만, 그것은 엄연한 현실이었다.

자존심과 행복을 모두 잃어버린 니오베는 이제 울 기력조차 없었다.

입에 침이 마르고 말을 잃어버린 채, 그녀는 모든 기운

이 몸에서 빠져나간 것처럼 거기 남아 있었다.

니오베의 두 뺨을 타고 흘러내리는 눈물만이 그녀가 아직도 고통 속에서 힘들어하며 헤어나지 못하고 있다는 것을 말해 주고 있었다.

끝나지 않은 복수

그때 갑자기 니오베의 귀에 신경을 거스르는 목소리가 들려왔다. 신들의 복수는 아직도 끝나지 않았던 것이다.

점쟁이 만토가 다시 나타나 도시 구석구석을 누비며 기분 나쁜 목소리로 외쳐 대고 있었다.

"테베의 시민들이여, 내 말을 들으시오. 불멸의 신들께서 니오베의 자녀들을 매장하는 것을 금하고 계십니다. 이 허영심 많은 여인의 벌을 더욱 무겁게 하기 위해서, 그리고 이 도시의 모든 시민들에게 신들의 힘을 보여 주기 위해서라오. 니오베의 자녀들은 매장되지 않은 채 새들의 먹이가 될 것이오."

만토는 니오베가 더 참을 수 없게 될 때까지 끊임없이 이 말을 소리쳐 전했다.

돌이 된 니오베

따뜻한 피가 돌던, 살아 있던 니오베는 천천히 차가운 돌덩어리로 변해 갔다.

곧 사랑이 넘치던 그녀의 영혼에 남은 것이라고는 돌로 변해 버린 눈에서 흘러내리는 눈물과 돌이 된 심장에서 부풀어 오르는 고통뿐이었다.

고통이 점점 심해지면서 돌로 변한 니오베의 형체도 부

풀어 올랐다.

그러다 결국은 테베를 굽어보는 바위산이 되었다. 이 바위산은 신들의 불공평한 행동에 항의하는 상징으로 솟아 있었다.

니오베의 돌로 변한 눈에서는 여전히 눈물이 흘러내리고 있었다. 그 눈물은 신들이 저지른 엄청난 복수를 원망하고 있는 것 같았다.

그 모습을 보자 신들은 마침내 자신들이 저지른 죄를 깨달았다. 신들은 처음으로 수치심과 두려움을 느꼈다.

그들은 승리한 게 아니라 오히려 수치스러운 패배를 한 것이라고 생각했다.

그래서 밤에 몰래 와서 자기네들 손으로 니오베의 자녀들을 매장했다.

그런 다음 신들은 부서운 회오리바람을 일으켜 니오베가 변한 바위산을 들어 올려 아시아 쪽으로 날려 보냈다. 그들은 자신들이 저지른 잔인한 행동이 잊혀지기를 바라면서 그 바위산을 시필로스산 뒤에 감추었다.

그러나 신의 잔인한 행동은 잊혀지지 않았다.

몇천 년이 지난 지금까지도 사람들은 니오베의 이야기를 전하고 있다. 자신들의 죄를 감추려는 신들의 모든 노력은 실패한 것이다.

이런 이야기가 생겨난 것은 우연한 일이 아니었다.

시필로스산비탈에서 눈이 녹으면 사람들은 아직도 눈물을 흘리며 슬퍼하는 여인과 비슷하게 생긴 바위를 볼 수 있다.

하지만 그런 바위 하나가 이런 신화를 만들어 낼 수 있었을까?

아마도 어떤 끔찍한 재난이 테베 왕실에 닥쳤을 것이다.

그 재난이 여러 사람들의 분노를 불러일으켰고 그래서 이 신화가 생겨났을 것이다.

이 신화에서 신들은 심판을 받고 엄청난 죄를 저지른 것으로 평가받는다.

반면에 인간은 니오베라는 인물을 통해 고통으로 이루어진 바위로 우뚝 솟아 신들에게 대항한다.

신들도 그 바위를 어쩌지 못한다.

분명한 것은 다음과 같은 사실이다.

이 세상 어딘가에 하늘을 향해 항의의 외침을 내뱉고 있는 듯한, 비극적이지만 여전히 자존심을 잃지 않은 여인과 같은 모양의 바위가 있다. 폭풍우도 태풍도, 그리고 오랜 세월도 이 외침을 멈출 수 없다.

그러면 올림포스는 어떻게 되었을까? 거기에는 아무것도 없다. 찬바람이 황량한 바위들을 강타하고 있을 뿐이다.

신들의 집은 흔적도 없이 사라져 버렸다.

정재승이 추천하는
뇌과학으로 신화 읽기 《그리스·로마 신화》

제1권 키워드 권력
  제우스 헤라 아프로디테

제2권 키워드 창의성
  아폴론 헤르메스 데메테르 아르테미스

제3권 키워드 갈등
  헤파이스토스 아테나 포세이돈 헤스티아

제4권 키워드 호기심
  인간의 다섯 시대 프로메테우스 대홍수

제5권 키워드 놀이
  디오니소스 오르페우스 에우리디케

제6권 키워드 탐험
  다이달로스 이카로스 탄탈로스 에우로페

제7권 키워드 성장
  헤라클레스

제8권 키워드 미궁
  페르세우스 페가소스 테세우스 펠레우스

제9권 키워드 용기
  이아손 아르고스 코르키스 황금 양털

제10권 키워드 반전
  전쟁 일리아드 호메로스 트로이

제11권 키워드 우정
  오디세우스

제12권 키워드 독립
  오이디푸스 안티고네 에피고오니